Erlebniswelten

Erlebniswelten
Zur programmatischen Idee der Reihe

In allen Gesellschaften (zu allen Zeit und allerorten) werden irgendwelche kulturellen Rahmenbedingungen des Erlebens vorproduziert und vororganisiert, die den Menschen außergewöhnliche Erlebnisse bzw. außeralltägliche Erlebnisqualitäten in Aussicht stellen: ritualisierte Erlebnisprogramme in bedeutungsträchtigen Erlebnisräumen zu sinngeladenen Erlebniszeiten für symbolische Erlebnisgemeinschaften. Der Eintritt in dergestalt zugleich ‚besonderte' und sozial approbierte Erlebniswelten soll die Relevanzstrukturen der alltäglichen Wirklichkeit – zumindest partiell und in der Regel vorübergehend – aufheben, zur mentalen (Neu-)Orientierung und sozialen (Selbst-)Verortung veranlassen und dergestalt typischerweise mittelbar dazu beitragen, gesellschaftliche Vollzugs- und Verkehrsformen zu erproben oder zu bestätigen.

Erlebniswelten können also sowohl der ‚Zerstreuung' dienen als auch ‚Fluchtmöglichkeiten' bereitstellen. Sie können aber auch ‚Visionen' eröffnen. Und sie können ebenso ‚(Um-)Erziehung' bezwecken. Ihre empirischen Erscheinungsweisen und Ausdrucksformen sind dementsprechend vielfältig: Sie reichen von ‚unterhaltsamen' Medienformaten über Shopping Malls und Erlebnisparks bis zu Extremsport- und Abenteuerreise-Angeboten, von alternativen und exklusiven Lebensformen wie Kloster- und Geheimgesellschaften über Science Centers, Schützenclubs, Gesangsvereine, Jugendszenen und Hoch-, Avantgarde- und Trivialkultur-Ereignisse bis hin zu ‚Zwangserlebniswelten' wie Gefängnisse, Pflegeheime und psychiatrische Anstalten.

Die Reihe ‚Erlebniswelten' versammelt – sowohl gegenwartsbezogene als auch historische – materiale Studien, die sich der Beschreibung und Analyse solcher ‚herausgehobener' sozialer Konstruktionen widmen.

Winfried Gebhardt (gebhardt@uni-koblenz.de)
Ronald Hitzler (ronald@hitzler-soziologie.de)
Franz Liebl (FranzL@udk-berlin.de)

Ronald Hitzler • Gregor Betz
Arne Niederbacher • Gerd Möll

Mega-Event-Macher

Zum Management multipler
Divergenzen am Beispiel der
Kulturhauptstadt Europas RUHR.2010

Ronald Hitzler
Gregor Betz
Arne Niederbacher
Gerd Möll
TU Dortmund, Deutschland

Entstanden im Zusammenhang mit einem von der Deutschen Forschungsgemeinschaft (DFG) finanzierten Projekt. In Kooperation mit

ISBN 978-3-531-19583-4   ISBN 978-3-531-19584-1 (eBook)
DOI 10.1007/978-3-531-19584-1

Die Deutsche Nationalbibliothek verzeichnet diese Publikation in der Deutschen Nationalbibliografie; detaillierte bibliografische Daten sind im Internet über http://dnb.d-nb.de abrufbar.

Springer VS
© VS Verlag für Sozialwissenschaften | Springer Fachmedien Wiesbaden 2013
Das Werk einschließlich aller seiner Teile ist urheberrechtlich geschützt. Jede Verwertung, die nicht ausdrücklich vom Urheberrechtsgesetz zugelassen ist, bedarf der vorherigen Zustimmung des Verlags. Das gilt insbesondere für Vervielfältigungen, Bearbeitungen, Übersetzungen, Mikroverfilmungen und die Einspeicherung und Verarbeitung in elektronischen Systemen.

Die Wiedergabe von Gebrauchsnamen, Handelsnamen, Warenbezeichnungen usw. in diesem Werk berechtigt auch ohne besondere Kennzeichnung nicht zu der Annahme, dass solche Namen im Sinne der Warenzeichen- und Markenschutz-Gesetzgebung als frei zu betrachten wären und daher von jedermann benutzt werden dürften.

Bildnachweis: SchachtZeichen-Ballon im Schnee auf dem Gelände des Welterbes Zollverein
Foto: RUHR.2010/Matthias Duschner

Gedruckt auf säurefreiem und chlorfrei gebleichtem Papier

Springer VS ist eine Marke von Springer DE. Springer DE ist Teil der Fachverlagsgruppe Springer Science+Business Media
www.springer-vs.de

Inhalt

1	Einleitung..	1
2	Ausgangsbedingungen...	7
2.1	Zur Geschichte und Entwicklung der Institution ‚Kulturhauptstadt Europas'..	7
2.2	Bedingungen regionaler Kooperation im Ruhrgebiet..................	13
2.3	Geschichte der Kulturhauptstadt-Bewerbung..............................	20
3	Management multipler Divergenzen..	25
3.1	Modellvarianten einer Kulturhauptstadt und ihre Umsetzung..........	25
3.1.1	Monistisches versus pluralistisches Modell einer Kulturhauptstadt...	26
3.1.2	Aporien der Kulturhauptstadt-Modelle............................	28
3.1.3	Die Kulturhauptstadt RUHR.2010 als ‚Kompromiss' zwischen Pluralismus und Monismus..............................	28
3.1.4	Implikationen der Modellentscheidung für die Realisierungsorganisation..	32
3.2	Organisieren ohne Vergangenheit – Zu den Herausforderungen des Aufbaus einer Mega-Event-Organisation................................	34
3.2.1	Präludium..	36
3.2.2	Multiple Mehrdeutigkeiten: Organisationale Besonderheiten der RUHR.2010 GmbH..............................	38
3.2.3	Intermezzo..	48
3.2.4	Maßnahmen zur Entwicklung organisatorischer Handlungsfähigkeit..	50
3.2.5	Situatives Erhandeln von Arbeitsteilung und Arbeitsrollen...	53
3.2.6	Epilog..	60
3.2.7	Strukturierung durch Handeln..	61

3.3	Organisieren in der pluralen Organisation		64
	3.3.1	Retrospektive	65
	3.3.2	Die Projektorganisation – offizielle Strukturen der RUHR.2010 GmbH	67
	3.3.3	Zeitstruktur von Repräsentationssystemen	71
	3.3.4	Zur Trajektivität des Organisierens	76
	3.3.5	Stabilität unterorganisierter Organisationen	79
3.4	Steuerung komplexer Projekte		82
	3.4.1	Konstellation der Kulturhauptstadt-Akteure	84
	3.4.2	Multiple Divergenzen	92
	3.4.3	Handlungskoordination hierarchiefreier Netzwerke	94

4 Sinnstiftung ... 105
4.1 Spannungsfelder kulturgetriebener Transformation ... 106
4.2 Legitimation durch Sinnstiftung ... 112

Literaturverzeichnis ... 117

Abbildungsverzeichnis

Abb. 3.1 Funktionales Organigramm der RUHR.2010 GmbH. (Darstellung in Anlehnung an das Mitarbeiterhandbuch der RUHR.2010 GmbH) 33
Abb. 3.2 Schematische Darstellung des Aufbaus der kaufmännischen Abteilung (linker Teil angelehnt an Organigramme im Mitarbeiterhandbuch der RUHR.2010 GmbH, Stand Januar 2009) 59
Abb. 3.3 Verfasste Organe der RUHR.2010 GmbH. (Darstellung nach dem Gesellschaftsvertrag der RUHR.2010 GmbH) 69
Abb. 3.4 Operatives Organigramm der RUHR.2010 GmbH. (Darstellung in Anlehnung an das Mitarbeiterhandbuch der RUHR.2010 GmbH) 70
Abb. 3.5 Konstellation der Akteure in der Initiierungsphase 86
Abb. 3.6 Konstellation der Akteure in der Institutionalisierungsphase 88
Abb. 3.7 Konstellation der Akteure in der Umsetzungsphase 90
Abb. 3.8 Logosystematik der RUHR.2010 GmbH (vereinfacht) 91
Abb. 3.9 ‚Fieberkurve' des Ruhrgebiets-Engagements 100

Foto 1: Das Ruhrgebiet heute. Besucherzentren in der Metropole Ruhr. (Grafik: RUHR.2010) 16
Foto 2: Verhüllung des Hauptsitzes von Evonik Industries (damals RAG) in der Bewerbungsphase des Ruhrgebiets zur Kulturhauptstadt Europas im Mai 2004. (Foto: RUHR.2010/schacht 2) 21
Foto 3: Geschäftsführung und Künstlerisches Direktorium der RUHR.2010 GmbH vor der Sonne in der Ausstellung „Sternstunden" im Gasometer Oberhausen. (Foto: RUHR.2010/Jan Pauly) 32
Foto 4: Schlussbild der Show „Wir sind das Feuer" bei der Eröffnung der Kulturhauptstadt Europas RUHR.2010 auf dem Welterbe Zeche Zollverein beim Festakt 9.1.2010. (Foto: Manfred Vollmer) 41
Foto 5: Teamsitzung der RUHR.2010 GmbH. (Foto: Jürgen Huhn/TU Dortmund) 51
Foto 6: Zeitungsbeilage in der Frankfurter Allgemeinen Zeitung über die Kulturhauptstadt RUHR.2010 GmbH. (Foto: Jürgen Huhn/TU Dortmund) 74
Foto 7: Teamsitzung der RUHR.2010 GmbH. Foto: Jürgen Huhn/TU Dortmund 81

Foto 8: Baustelle auf der A40/B1: Beim Großprojekt „Still-Leben" stauen sich Fußgänger und Radfahrer auf der Autobahn. (Foto: Jürgen Huhn/TU Dortmund) 106

Foto 9: Ein „Schachtzeichen" markiert einen ehemaligen Bergbauschacht auf dem Gelände der TU Dortmund. (Foto: Jürgen Huhn/TU Dortmund) 110

Foto 10: RUHR.2010 – Das Finale: Show auf dem Nordsternplatz der Zeche Nordstern in Gelsenkirchen. Regie: Gil Mehmert. (Foto: RUHR.2010/Manfred Vollmer) 114

Foto 11: Buchcover vom Still-Leben-Bildband „Ein Tag wie noch nie!" 115

Im Auge des Orkans

Management multipler Divergenzen

Ein Forschungsprojekt zur Organisation
der Kulturhauptstadt Europas

Einleitung 1

> Es war intellektuell und politisch verwegen, als die
> Kulturdezernenten von Bochum, Dortmund, Essen,
> Gelsenkirchen und Oberhausen die Idee in die Welt setzten,
> die 53 Städte des Regionalverbands Ruhr ins Rennen um
> den Titel ‚Kulturhauptstadt Europas 2010' zu schicken. 53
> Städte – gefangen im Kirchturmdenken, fast alle bankrott
> – sollten als eine Kulturmetropole auftreten. Wie sollte das
> gehen?
>
> (Pleitgen und Scheytt 2011, S. 5)

Im Jahr 2010 fand im Ruhrgebiet *das* Kulturereignis Europas im frühen 21. Jahrhundert statt: die ‚Kulturhauptstadt Europas RUHR.2010'. Die Kulturhauptstadt-Initiative gilt als kulturpolitisches Flaggschiff der Europäischen Union. Die überaus rege Beteiligung zahlreicher europäischer Städte an den mittlerweile sehr aufwändigen Bewerbungsprozessen verweist auf die ungebrochen hohe Attraktivität des Titels einer Kulturhauptstadt. Folgt man dem stadtpolitischen Diskurs, dann steht diese Anziehungskraft in Zusammenhang mit dem Bemühen von Städten, in Zeiten knapper Haushaltsmittel und eines vermehrten Konkurrenzdrucks mittels der Inszenierung ‚großer Ereignisse' (also mit Feiern und Festen aller Art) Aufmerksamkeitsgewinne zu realisieren – dies sowohl bei potentiellen Investoren, Besuchern und den Medien als auch bei der Wohnbevölkerung (vgl. Häußermann und Siebel 1993; Prisching 2011; Siebel 2011). In diesem Kontext ist häufig die Rede von einer „Politik der Festivalisierung" (Häußermann und Siebel 1993), mit der Städte versuchen, sich national und international ‚sichtbar' zu machen und der Wohnbevölkerung Identifikationsmöglichkeiten zu bieten. Die Ausrichtung einer Kulturhauptstadt verspricht ein probates Mittel zu sein dafür, diese Zwecke zu erreichen.

Zeitdiagnostische Konzepte sehen in Kulturhauptstädten ein Paradebeispiel für den Trend zur Eventisierung des Lebens in Gegenwartsgesellschaften (vgl. Gebhard et al. 2000). Der Begriff ‚Eventisierung' bezieht sich dabei zum einen auf die Verspaßung von immer mehr Bereichen des sozialen Lebens mit einer bestimmten Art kultureller Erlebnisangebote, zum andern auf das Machen konkreter Events – sowohl durch Anreicherung kultureller Traditionsveranstaltungen mit zusätzlichen Verlustierungselementen, als auch durch strategische Neuschöpfungen von Unterhaltungsformaten. Kulturtechnisch lassen sich Events beschreiben als aus dem zeitgenössischen Alltag herausgehobene, raum-zeitlich verdichtete, performativ-interaktive Ereignisse mit hoher Anziehungskraft für relativ viele Menschen (vgl. Hitzler und Niederbacher 2010).

Zwar besteht in der einschlägigen Forschung weitgehend Konsens darüber, dass Events von der Komplexität und Größenordnung einer Kulturhauptstadt intensiven Organisierens (vgl. Pfadenhauer 2008) durch eine intermediär-temporäre Organisation bedürfen – vor allem weil die Ansichten und Ziele der am Event beteiligten Gruppen in der Regel divergieren. Empirisch gesicherte und theoretisch fundierte Kenntnisse zu diesem Komplex liegen bislang jedoch kaum vor, weil bislang schwerpunktmäßig ‚Effekte' von Kulturhauptstädten untersucht worden sind und allenfalls – und lediglich rudimentär – dann auf das Problem des Organisierens und auf die Perspektive der in die Organisation involvierten Akteure abgehoben worden ist, wenn die anvisierten bzw. als Zielvorgaben deklarierten ‚Effekte' nicht erzielt wurden.

Im Mittelpunkt unserer – aus Mitteln der Deutschen Forschungsgemeinschaft (DFG) geförderten – Studie stand deshalb vor allem die Frage der (intentionalen) Produktion solcher extra-ordinärer kultureller Kollektivveranstaltungen durch mehr oder minder professionelle Organisatoren. Dazu bietet gerade eine innovativ konnotierte Maßnahme wie die Kulturhauptstadt RUHR.2010, die den soziokulturellen Wandel (mit-)gestalten soll (vgl. Scheytt 2006a), aufgrund ihrer hohen Komplexität beste Voraussetzungen.

Veranstaltung wie die ‚Kulturhauptstadt Europas RUHR.2010' betrachten wir strukturell als ein Trajekt (vgl. Soeffner 1991; Glaser und Strauss 1968), das heißt als auf ein bestimmtes Ereignis hin gerichtetes situationsübergreifendes Erzeugnis, in welches die einzelnen Akteure mit unterschiedlichen Positionen, Plänen, Aufgabenstellungen (in unterschiedlichen Arenen agierend) durch ihre Handlungen problemlösungsorientiert eingebunden und auf das sie sinnhaft bezogen sind.

Organisatorisch gesehen sind Events das Resultat mehrstufiger, komplexer Konstruktionsprozesse, in die unterschiedliche Akteure und Gruppen von Akteuren verstrickt sind, deren Aktivitäten letztlich nur dann Sinn ergeben, wenn man sie als durch einen ‚Ereigniskern' fokussiert begreift. Während sich dieser Ereigniskern bei vielen Events am Motto ‚Ein bisschen Spaß muss sein' (vgl. Hitzler 2000) orientiert, tritt bei der Kulturhauptstadt RUHR.2010 ein weiteres Prinzip hinzu, das von den Veranstaltern mit der Formel ‚Wandel durch Kultur – Kultur durch Wandel' zum

1 Einleitung

Ausdruck gebracht wird. Die damit adressierte Strategie der ‚Kulturalisierung' kann sich dann nicht mehr einfach auf ein Mehr an Ausstellungen, Theateraufführungen oder Konzerten beschränken, die möglichst großes Aufsehen erregen und besondere Erlebnisse versprechen. Sie muss darüber hinaus weitere Handlungsfelder einbeziehen wie etwa die Entwicklung der Kreativwirtschaft, die Förderung interkultureller Kulturarbeit, die Vernetzung der Kulturschaffenden, die Internationalisierung von Kulturaktivitäten oder die Errichtung spektakulärer Einzelbauwerke. Und damit kommt eine Vielzahl von Akteuren ins Spiel, die auf die Berücksichtigung der je eigenen Interessen drängen, weshalb die Organisation einer Kulturhauptstadt das Management multipler Divergenzen (vgl. Hitzler 2011) erfordert.

Die ‚Kulturhauptstadt Europas RUHR.2010' prozessierte in einer besonders komplexen Konstellation eigennütziger und eigensinniger Akteure vor dem Hintergrund kaum zu kontrollierender interner und externer Einflussfaktoren. Berücksichtigt man noch die Dauer und die räumliche Ausdehnung dieser Veranstaltung, dann scheint es gerechtfertigt zu sein, sie nicht nur als Event, sondern als Mega-Event zu bezeichnen. Aufgrund der damit konnotierten besonderen Komplexität dieses Projekts rückt die Frage nach der Perspektive derer, die damit betraut sind, das Ganze trotzdem ‚irgendwie' zu organisieren, nahezu zwangsläufig in den Fokus der theoretischen Betrachtung – jedenfalls dann, wenn man nicht dazu beitragen will, (beiläufig) die „Fiktion akteurloser Sozialität" (Schimank 2002, S. 42) bzw. akteurloser Selbstorganisation zu stärken: Mit der Durchführung des Vorhabens bzw. mit der Erfüllung der Aufgabe ist eine dezidert nach Kompetenzgesichtspunkten zusammengestellte Personengruppe beauftragt, deren Leistungen fortlaufend und abschließend evaluiert werden. Damit ist naheliegenderweise die Lenk- und Steuerbarkeit der Kulturhauptstadt 2010 als einem sozialen Großereignis zumindest grundsätzlich unterstellt – und zwar eher qua (wie auch immer handlungs- und interaktionstheoretisch zu klärender) einschlägiger Bewältigungskompetenzen von Verantwortlichen und sonstigen Beteiligten, denn qua ‚systemischer' Effekte quasi akteurloser organisationaler Eigendynamiken.

Die hochkomplexe und entsprechend aufwändige Planung und Durchführung dieses Mega-Events erstreckte sich über nahezu zehn Jahre und wurde seit Anfang 2007 maßgeblich von der eigens dafür gegründeten ‚RUHR.2010 GmbH – Essen für das Ruhrgebiet' (im Folgenden RUHR.2010 GmbH) mit Sitz in Essen geleistet. Die Organisatoren sahen sich mit Problemen konfrontiert, für deren Bewältigung sie auf keine ‚einfachen' und vorgefertigten Lösungen zurückgreifen konnten.

Angesichts der Vielzahl der zu organisierenden Aktivitäten und Leit- und Kooperationsprojekte sowie angesichts der Heterogenität der Partner (aus Politik, Wirtschaft und Kultur) mit ihren zum Teil (und ‚auf den ersten Blick') unvereinbar erscheinenden Interessen – z. B. Zentrum vs. Peripherie (Stichwort: Großstädte entlang der Hellwegschiene vs. kleinere Städte in den Randlagen), punktuell-diffuse Wirkung vs. nachhaltige Wirkung (Stichwort: Eventorientierung vs. Werkpurismus), Ansprache eines breiten Publikums vs. Kulturelite (Stichwort: Populismus vs. Elitismus) oder kultureller Anspruch vs. ökonomisch-finanzielle Machbarkeit (Stichwort: Anspruch vs. Wirklichkeit) – war davon auszugehen, dass das Mega-Event ‚Kulturhauptstadt Europas RUHR.2010' mit hochwirksamen ‚Zentrifugalkräften' konfrontiert sein würde. Diese mussten von den organisierenden Akteuren nicht nur ausgehalten, sondern – ausgleichend und vermittelnd – in produktive Kooperationen umgelenkt und gebündelt werden. Je mehr Akteure beteiligt, tangiert und betroffen sind, umso problematischer würde folglich, schon aufgrund von deren heterogenen Wahrnehmungen und Deutungen des ‚Ziels', insbesondere aber angesichts der multipel motivierten Bedenken, Vorbehalte und Widerstände, die praktische Realisierung der ‚Kulturhauptstadt Europas RUHR.2010' in nachgerade all seinen Teilelementen sein.

Die Frage, die uns hier beschäftigt, lautet dementsprechend, warum ein derartiges Ereignis, obwohl unüberschaubar viele Akteure und Akteuregruppen über einen langen Zeitraum hinweg zu unterschiedlichen Zeiten an unterschiedlichen Orten in mannigfaltigen Konstellationen Aktivitäten unterschiedlichster Art entfalten und dabei mit multiplen Taktiken und Strategien (zumindest auch) ihre Sonder- und Eigeninteressen verfolgen, am Ende in der Regel dann doch ‚klappt'.

Bei unserer empirischen Arbeit ging es zum einen darum, den Machern der Kulturhauptstadt bei ihrer Arbeit ‚über die Schulter' zu schauen und dabei ein Maximum an heterogenen Daten registrierend zu erheben. Zum anderen wurden intensive (‚tiefe') Daten rekonstruierende Erhebungs- und Analysetechniken eingesetzt, um die komplexen Planungs- und Steuerungsaktivitäten zu erfassen, die bei der RUHR.2010 GmbH in Aushandlung und Abstimmung mit, sowie möglicherweise auch in Abgrenzung gegenüber den (konfligierenden Interessenslagen der) mannigfaltigen in das Trajekt involvierten Gremien und Organisationseinheiten stattfanden. Konkret wurden vier Methoden miteinander kombiniert: Ab Januar 2009 gewährte die RUHR.2010 GmbH einem Mitarbeiter unseres Forschungsprojekts einen direkten Zugang in die Organisation, so dass die Vollzüge des Organisierens der RUHR.2010 GmbH durch teilnehmende Beobachtung untersucht werden konnten. Parallel dazu wurde durch organisationsbiografische narrative Interviews die Entwicklung der Organisation bis zum Zeitpunkt des Organisationseintritts des Forschers rekonstruiert. Durch leitfadengestützte Interviews wurden zudem die Perspektiven der Kulturhauptstadt-Beauftragten in einem Dutzend Städte des Ruhrgebiets untersucht. Zusätzlich stand dem Forschungsprojekt eine Fülle an Dokumenten – aus dem organisationsinternen Datenmanagementsystem, aus der Projektdatenbank sowie aus dem internen Mailverteiler der RUHR.2010 GmbH – zur Verfügung. Hieraus ergaben sich Möglichkeiten der Dokumenten- bzw. Artefaktanalyse.

1 Einleitung

Das eingangs angeführte Zitat der beiden Geschäftsführer der RUHR.2010 GmbH, Oliver Scheytt und Fritz Pleitgen, aus der Programmdokumentation ‚Die unmögliche Kulturhauptstadt' verdeutlicht ebenso wie der Titel dieser Dokumentation selbst, dass die ‚Kulturhauptstadt-Macher' ihre Aufgabe als erhebliche Herausforderung wahrnehmen. Kurz: 53 Städte, „gefangen im Kirchturmdenken, fast alle bankrott – (...) wie sollte das gehen?" (Pleitgen und Scheytt 2011). Mit der Frage nach dem ‚Wie' werden wir uns in den folgenden Kapiteln ebenso beschäftigen wie mit der vorgelagerten Frage nach dem ‚Was', d. h. welche Funktionen musste die RUHR.2010 GmbH erfüllen, um die Kulturhauptstadt organisieren zu können?

Die Organisation einer Kulturhauptstadt führt zwar zu einer Vielzahl logistischer Probleme. Sie lässt sich aber keinesfalls darauf reduzieren, auch wenn die damit verknüpften Probleme im Falle des Misslingens alle anderen Fragen – zumindest zeitweise – in den Hintergrund drängen kann.[1] Im Mittelpunkt unserer Darstellung stehen die folgenden Fragestellungen:

- Unter welchen Rahmenbedingungen arbeiteten die Mega-Event-Macher der Kulturhauptstadt RUHR.2010? Welche Divergenzen treten bereits im Vorfeld der eigentlichen Organisationsphase einer Kulturhauptstadt auf und welchen Einfluss haben sie auf die Vorbereitung eines Mega-Events? (Kap. 3.1)
- Durch welche Merkmale zeichnet sich eine Mega-Event-Organisation als ‚Sonderorganisation auf Zeit' aus? Welche Maßnahmen werden von der Organisationsführung in der Aufbauphase der Organisation ergriffen und welche Implikationen resultieren daraus für die Mitarbeiter und deren Arbeit? (Kap. 3.2)
- Mit welchen internen Divergenzen hat es eine Mega-Event-Organisation zu tun? Welche Wege der Entscheidungsfindung eröffnen sich in diesem Kontext und wie werden die unterschiedlichen Sichtweisen, Interessen und Handlungslogiken der innerorganisationalen Akteure und Funktionsbereiche zueinander in Beziehung gesetzt? (Kap. 3.3)
- Mit welchen Mitteln kann das Management einer Kulturhauptstadt auf die regionale Konstellation von Akteuren Einfluss nehmen? Welche Divergenzen treten in diesen Konstellationen auf und welchen Einfluss haben sie auf das Arbeiten in der Kulturhauptstadt-Organisation? (Kap. 3.4)
- Mit welchen Spannungsfeldern hat es das Management einer Kulturhauptstadt bei der Aufgabe zu tun, das von ihr organisierte Mega-Event nach außen hin sichtbar zu machen? Wie repräsentieren die Mega-Event-Macher ihre Arbeit,

---

[1] Zu welch fatalen Konsequenzen ein – aus welchen Gründen auch immer – Scheitern an logistischen Problemstellungen führen kann, zeigt das Beispiel der in das offizielle Programm der Kulturhauptstadt aufgenommenen Loveparade 2010 in Duisburg, bei der 21 Menschen infolge einer Massenpanik ums Leben kamen (vgl. Hitzler et al. 2011).

um die von ihnen getroffenen Entscheidungen und verfolgten Strategien zu legitimieren und die Wirkmächtigkeit ihrer Bemühungen und den Erfolg des von ihnen organisierten Mega-Events nachzuweisen? (Kap. 4)

Bevor wir uns diesen Fragen zuwenden, werden wir einen Überblick zur Entwicklung der Kulturhauptstadt-Idee im Allgemeinen und zu spezifischen politischen und sozioökonomischen Ausgangsbedingungen und Voraussetzungen der ‚Kulturhauptstadt Europas RUHR.2010' im Besonderen geben (Kap. 2).

Ausgangsbedingungen 2

2.1 Zur Geschichte und Entwicklung der Institution ‚Kulturhauptstadt Europas'

Seit Mitte der 1980er Jahre hat die Veranstaltung von Events aller Art als Instrument des Städte- und Regionenmarketings an Bedeutung gewonnen. Es ist deshalb vermutlich kein Zufall, dass die Idee einer europäischen Kulturhauptstadt etwa zu diesem Zeitpunkt entwickelt und erstmalig umgesetzt wurde. Es lässt sich aber zeigen, dass sich die Kulturhauptstadt-Initiative erst allmählich von ihren ursprünglich rein sozio-kulturellen Zielsetzungen gelöst hat und mittlerweile weiter reichende Zwecke verfolgt. Durch die Erweiterung der Ziele haben sich die Ausgangsbedingungen für und die Anforderungen an das Management dieses Events deutlich verändert.

Es ist nicht ungewöhnlich, dass politische Institutionen über einen Gründungsmythos verfügen, der sinn- und identitätsstiftende Funktionen erfüllt. Wenn auch vielleicht kein Gründungs*mythos* im strengen Sinne, so existiert im Fall der ‚Kulturhauptstadt Europas' doch zumindest eine Gründungs*erzählung*, deren Realitätsgehalt heute nicht mehr zweifelsfrei zu klären ist. Eine weit verbreitete Version dieser Erzählung findet sich etwa auf der Homepage der Europäischen Kommission. Vermerkt ist dort der Hinweis auf ein kolportiertes Treffen im Januar 1985 auf dem Athener Flughafen zwischen der ehemaligen Schauspielerin und Sängerin Melina Mercouri, die damals Kulturministerin Griechenlands war, und ihrem französischen Amtskollegen Jack Lang. Beide gemeinsam hätten, während sie zusammen auf ihre Weiterflüge warteten, die Idee entwickelt, im jährlichen Wechsel eine Stadt zur Kulturstadt Europas zu küren. Per Handschlag und mit Kuss, so weiß Robert Palmer, der einflussreiche Geschichtsschreiber der Europäischen Kulturhauptstadt, zu berichten, sei schließlich der gemeinsame Plan besiegelt worden. Andere (prosaischere) Quellen besagen hingegen, Melina Mercouri habe den Kulturstadt-Gedanken bereits im Jahre 1983 auf einem informellen Treffen der EG-Kulturminister vorgestellt (vgl. Mittag 2008, S. 66).

Konsens scheint freilich darüber zu bestehen, dass die Idee einer europäischen Kulturstadt zunächst keineswegs allenthalben auf begeisterte Zustimmung getroffen ist, sondern von Frau Mercouri gegen Vorbehalte hat durchgesetzt werden müssen, da Kultur bis dahin nicht auf der politischen Agenda der Europäischen Gemeinschaft stand. Gerade aus diesem Umstand bezieht die personalisierte Gründungserzählung ihren Reiz für die Nachwelt. Transportiert wird das Bild einer Vorkämpferin für die Bedeutung von (europäischer) Kultur, an dem sich heutiges Handeln orientieren kann.

Mittlerweile gilt das, was 1985 in Athen seinen Anfang nahm, wie auf der Homepage der RUHR.2010 GmbH zu lesen ist, als ein ‚Erfolgsmodell für das europäische Selbstverständnis'. Im Vergleich zu ihren Anfängen im Jahr 1985 hat die Institution der ‚Kulturhauptstadt Europas', wie sie offiziell seit 1999 genannt wird, allerdings einen tiefgreifenden Wandel erfahren. Die an eine Kulturhauptstadt gestellten Ansprüche haben sich vervielfacht, und entsprechend sind die organisatorischen Managementaufgaben am jeweiligen Veranstaltungsort komplizierter geworden. Ursprünglich war nur davon die Rede gewesen, die Europäische Gemeinschaft nicht länger auf ihre Funktion zur Verteilung von Agrarsubventionen zu reduzieren, sondern ihrer Arbeit eine kulturelle Dimension zu verschaffen. Die schon erwähnte griechische Kulturministerin beschrieb diese Zielsetzung 1985 in einem Interview der Deutschen Welle: „Ich glaube an den kulturellen Austausch. Und ich glaube, dass es nicht nur eine Gemeinschaft der Kartoffeln und Tomaten geben darf, sondern es muss auch den Austausch für die Arbeiter der Kunst geben" (Riegert 2010). Die Idee einer europäischen Kulturhauptstadt ist also primär entwickelt worden aus europa- und kulturpolitischen Gründen. Präziser ausgedrückt: Um mit den Mitteln der Kultur(politik) den Gedanken der europäischen Identität zu vertiefen. Nicht das Image einer bestimmten Stadt, sondern das Image Europas sollte gesteigert werden (vgl. Prisching 2011).

Der Start dieser Initiative der Europäischen Gemeinschaft war (seinerzeit noch) bescheiden. In Athen, dem ersten Träger des Kulturtitels, dauerten die Festlichkeiten nur einige Wochen im Sommer, in denen die Stadt ihr historisches Erbe, ihre Architektur und ihr kulturelles Spektrum präsentierte. Der Etat betrug umgerechnet knapp 8 Mio. € (vgl. Oerters 2008, S. 100). Betrachtet man die Reihe der darauf folgenden Kulturstädte, so finden sich in den ersten Jahren unter den ausgewählten Städten nur solche, die von jeher als Zentren von Kunst und Kultur in Europa galten: Florenz (1986), Amsterdam (1987), Berlin (1988) und Paris (1989).

2.1 Zur Geschichte und Entwicklung der Institution ‚Kulturhauptstadt Europas'

Zwar gab es Unterschiede in der Art und Weise, wie diese Städte den Titel nutzten. Gemeinsamkeiten zeigten sich aber freilich

- im Fokus auf bildende und darstellende Kunst,
- in relativ schmalen Budgets,
- im beschränkten Planungsaufwand sowie
- im geringen Stellenwert langfristiger Investitionen (vgl. Richards 2004).

Die Ernennung von Glasgow zur europäischen Kulturstadt 1990 gilt als Wendepunkt in der Geschichte dieser Institution. Seither müssen Bewerber nicht nur ein mehrstufiges Bewerbungsverfahren durchlaufen und dabei Auskunft über Finanzierung, Zeitplan und das geplante Programm geben. Geändert hat sich auch das Denken über die Möglichkeiten, die mit dem Titel Kulturstadt verbunden sind: Das ‚EuropeanCity/Capital of Culture programme' (ECOC) „started as a rather sanguine EU initiative but has been transformed into what is perceived as an attractive catalyst for cultural regeneration, generating enormous expectations in cities from countries as diverse as the UK, the Netherlands and Greece" (Garcia 2005, S. 841).

Im Unterschied zu seinen Vorgängern hatte Glasgow keinen Namen, der auf der kulturellen Landkarte Europas leicht zu finden gewesen wäre. Vielmehr galt Glasgow als staubige Industriestadt mit schwerwiegenden sozialen Problemen und einer Wirtschaft, die sich in einem Schrumpfungs- und Umgestaltungsprozess befand. Glasgow sah in dem Kulturjahr die Chance, seine ökonomische Wiederbelebung voranzutreiben und sein Image zu verbessern (vgl. Griffiths 2006, S. 417). „Sowohl mit der endgültigen Ausweitung der Initiative zum Ganzjahresprogramm und der systematischen Imagewerbung als auch durch die neu hinzukommene städtebauliche Dimension und die Berücksichtigung der Nachhaltigkeit wurde die Kulturhauptstadtidee in Glasgow geradezu revolutioniert" (Mittag 2008, S. 81). Das schlug sich auch in der Höhe des Etats nieder, der bei umgerechnet 60 Mio. € lag und damit fast achtmal höher war als der von Athen (vgl. Oerters 2008, S. 100).

Das Konzept Glasgows, seine urbane Modernisierung mittels der Funktionalisierung von Kultur voranzutreiben, fand in den folgenden Jahren zahlreiche Nachahmer. Zur Liste der Städte, die bis 2004 mit überdurchschnittlichem finanziellen Aufwand das Kulturhauptstadtjahr mit ambitionierten Strategien der urbanen und regionalen Erneuerung verknüpft haben, zählen Kopenhagen, Thessaloniki, Stockholm, Weimar, Porto, Graz, Genua und Lille (vgl. Palmer und Rae Associates 2004; Garcia 2005). Durch das mehr oder weniger unverhohlene Streben der Städte nach steigenden Touristenzahlen und einem Imagegewinn (City Branding) wurde die Kulturhauptstadt-Initiative von manchen Beobachtern immer mehr als reines Marketinginstrument wahrgenommen. Kritische Stimmen wiesen darauf hin, dass die Narrative der Befürworter des kulturgetriebenen Stadtmarketings durch ihre Beschwörung der Homogenität des lokalen Gemeinwohls die bestehenden sozialen Unterschiede in der städtischen Bevölkerung unterschlügen. Eine Stadt sei nämlich kein einheitliches Gebilde, das sich in toto einer Erneuerung unterziehe oder das gewinne oder verliere, sondern betroffen seien immer nur bestimmte Teile der Bewohnerschaft in ganz bestimmten Teilen der Stadt (vgl. Mooney 2004).

Insbesondere Glasgow, das zusammen mit Liverpool als Paradebeispiel für die segensreichen Wirkungen einer kultur(hauptstadt)getriebenen Modernisierung gehandelt wird, gilt heute als gespaltene Stadt: „Im boomenden Zentrum drängen sich moderne Bürohäuser neben neuen Museen und einer Konzerthalle für rund 30 Mio. Pfund. Im East-End dagegen und an den Rändern der Stadt gehören Bandenkriege, Raubüberfälle und Messerstechereien zum Alltag" (Girgert 2011, S. 21 f.).

Dieser – vor allem in akademischen Kreisen geführte – Diskurs scheint die Organisationspraxis bislang kaum tangiert zu haben. Zumindest hat er nicht dazu geführt, der Beliebtheit der Kulturhauptstadt-Initiative bei den Bewerberstädten Abbruch zu tun. Zu verlockend erscheinen die in Aussicht gestellten Attraktivitätsgewinne für die ausrichtenden Städte.

Allerdings erscheint auch den Entscheidungsträgern der Europäischen Union der Entwicklungspfad, den die Kulturhauptstadt-Initiative eingeschlagen hat, nicht unproblematisch, weswegen seit Ende der 1990er Jahre mehr Qualität und Nachhaltigkeit eingefordert wurde. Vor allem die europäische Dimension und die Einbeziehung der Bürger (,City and Citizens') sollten stärker in den Fokus des Kulturhauptstadt-Programms gerückt werden (vgl. Beschluss Nr. 1622/2006/EG). Trotz dieser Versuche von politischer Seite, die Anforderungen an dieses kulturelle Großereignis verbindlicher zu definieren, weist dieses Format gegenüber anderen Veranstaltungstypen vergleichbarer Relevanz wesentlich größere Freiheitsgrade auf. Im Unterschied etwa zur Ausrichtung von Olympischen Spielen, Weltausstellungen oder Fußballweltmeisterschaften muss vom Ausrichter einer europäischen Kulturhauptstadt nur ein in äußerst groben Umrissen vorgegebenes Programm erfüllt werden: „Es geht um Kultur in einem sehr weit interpretierbaren Sinn, und die Vorgaben der europäischen Kommission haben mehr den Charakter von Anregungen. Kern der Idee europäische Kulturhauptstadt ist es ja gerade, den eigenständigen Beitrag der Stadt zur europäischen (Stadt-)Kultur herauszustellen" (Siebel 2011, S. 10).

Diese Freiheitsgrade haben freilich ihre ‚Kehrseiten'. Zum einen bedeutet diese Freiheit nämlich, dass die Ausrichter einer Kulturhauptstadt hochgradig begrün-

2.1 Zur Geschichte und Entwicklung der Institution ‚Kulturhauptstadt Europas'

dungspflichtig dafür sind, mit welchem Programm sie das Kulturjahr zu bestreiten denken. Zum andern resultiert aus dieser Freiheit, dass eine Vielzahl von Akteuren sich berufen fühlt, bei der Frage der Nutzung der entsprechenden Optionen ein Wörtchen mitzureden. Motiviert ist dieses ‚Mitbestimmungsinteresse' nicht zuletzt auch dadurch, dass es bei der Programmgestaltung nicht nur um inhaltliche Fragen geht, sondern auch um die Verteilung finanzieller Ressourcen.

Die in der Entwicklung und Umsetzung der Kulturhauptstadt-Idee zu beobachtende Konvergenz zwischen Kultur und Ökonomie hat Städte und Regionen dazu veranlasst, nach neuen strategischen Feldern Ausschau zu halten. Einige Beobachter trauen, im Anschluss an die von Florida (vgl. 2004) ausgelöste Debatte zur kreativen Klasse, der Förderung von sogenannten Kreativen Industrien zu, der Idee der Kulturhauptstadt neue Impulse zu verleihen. Kreativwirtschaft sei mehr als nur eine ökonomische Branche; sie könne auch eine treibende Kraft für soziale Innovation und Veränderung sein (vgl. Oerters und Mittag 2008). Allerdings ist ‚Kreativwirtschaft' ein schillernder Sammelbegriff, der sehr heterogene Bereiche umfasst (neben Werbung, Medien und Kunst z. B. auch Softwareentwicklung oder die Druckindustrie). Entsprechend umstritten sind die Interpretationen und Versprechungen, die mit diesem Begriff verbunden werden (vgl. Heinze und Hoose 2011). Gleichwohl spielt das Thema Kreativwirtschaft schon in der jüngeren Geschichte der Kulturhauptstadt, wie das Beispiel der RUHR.2010 zeigt, aber auch bereits in der Vorbereitungsphase künftiger Titelanwärter, wie am Beispiel der Kulturhauptstadt Košice 2013 sowie den Bewerbungsvorbereitungen von Mannheim 2020 zu beobachten ist, eine bedeutende Rolle.

Die Macher einer Kulturhauptstadt haben es gewöhnlich mit einer Aufgabenstellung zu tun, die für sie in dieser Form erstmalig zu bewältigen ist. Da es aber eine Reihe von Vorgängerstädten gibt, müsste das Management einer Kulturhauptstadt ‚eigentlich' nicht immer wieder neu erfunden werden, da man sich an Vorbildern orientieren kann. Allerdings hielt und hält sich der institutionalisierte Erfahrungs- und Informationsaustausch zwischen ehemaligen, aktuellen und prospektiven Kulturhauptstädten in Grenzen. Zwar wurde 1992 ein Netzwerk der Kulturhauptstädte (Network of the European Capitals of Cultural and Cultural Months) ins Leben gerufen, das den Know-how-Transfer zwischen den Organisatoren der Kulturhauptstädte und der Bewerberstädte unterstützen sollte. Dieses Netzwerk geriet jedoch 2006 in eine veritable Krise und wurde schließlich 2010 aufgelöst. Gegenwärtig existiert noch ein Kooperationsverbund, dem jeweils nur noch die jüngsten und die designierten Kulturhauptstädte angehören. Empirische Befunde zu früheren Kulturhauptstädten – wie etwa Stockholm – zeigen, dass insbesondere designierte Kulturhauptstädte zwar großes Interesse an den Erfahrungen ihrer Vorgänger haben und sich auch an den von diesen entwickelten Modellen orientieren (vgl. Pipan und Porsander 2000). Damit ist freilich für die betreffenden Städte noch nicht das Problem gelöst, auf welche Weise und mit welchem Ergebnis die jeweiligen Modelle in Organisationspraktiken umgesetzt werden können. Die jeweils spezifischen lokalen Bedingungen erschweren offenbar in vielen Fällen die umstandslose Übertragung andernorts entwickelter Konzepte.

Auch die vorliegenden wissenschaftlichen Untersuchungen zu den Erfahrungen der bisherigen Kulturhauptstädte bieten nur bedingt Orientierungsbezüge für die Event-Macher, da sie meist nur die Konzepte in den Blick nehmen, die sich auf die Planung des gesamten Ereignisses beziehen. Hier steht dann meist die Frage nach der Programmatik des Kulturhauptstadtjahres und seiner Auswirkungen im Vordergrund. Sehr viel weniger Beachtung findet hingegen die Frage nach der Gestaltung der organisatorischen Einheit, die für den Prozess der Organisation einer Kulturhauptstadt verantwortlich zeichnet. Hierbei handelt es sich häufig um temporäre Organisationen, die eigens zur Planung und Durchführung dieser Veranstaltung gegründet worden sind (vgl. Pipan und Porsander 2000; Deffner und Labrianidis 2005). In der einschlägigen Literatur finden sich freilich nur wenige Hinweise auf den Aufbau und die Wirkungsweisen dieser Organisationseinheiten.

Nicht zuletzt aufgrund der teilweise beträchtlichen operativen und investiven Mittel, die in die Planung und Umsetzung eines Kulturhauptstadtjahres fließen, hat das öffentliche Interesse an Informationen über Verbleib und Nutzen der verausgabten Gelder im Laufe der Jahre zugenommen. Ähnliches dürfte auch für die privaten Sponsoren gelten, deren Anteil an der Finanzierung spätestens seit der Jahrtausendwende unverzichtbar geworden ist. Allerdings hat es bislang nur wenige Untersuchungen gegeben, die den Auswirkungen von Kulturhauptstädten nachgegangen sind (vgl. Langen und Garcia 2009). Eine im Jahre 2003 von der Europäischen Kommission in Auftrag gegebene Studie, die neben den organisatorischen und finanziellen Aspekten auch die sozialen, wirtschaftlichen und kulturellen Implikationen der bisherigen Kulturhauptstädte untersucht hat, bemängelte vor allem, dass den langfristigen Wirkungen zu wenig Aufmerksamkeit gewidmet wird (vgl. Palmer und Rae Associates 2004). Einige Anhaltspunkte weisen darauf hin, dass vor allem das Image und die Identität einer Stadt von einem Kulturhauptstadtjahr profitieren (vgl. Garcia 2005). Hingegen gibt es erstaunlicherweise kaum gesicherte Erkenntnisse über die Auswirkungen einer Kulturhauptstadt auf den kulturellen Sektor (vgl. Quinn 2010).

Seit 2006 ist den ausrichtenden Städten von der Europäischen Union vorgegeben, ihre Veranstaltungen von unabhängiger Seite evaluieren zu lassen. Darüber hinaus erstellt die Europäische Kommission einen eigenen Evaluationsbericht, der sich auf die von den Kulturhauptstädten in Auftrag gegebene Studien und Berichte stützt, aber auch weitere Quellen auf EU- und städtischer Ebene einbezieht. Im Wesentlichen geht es dabei um die Beurteilung der europäischen Dimension des Kulturprogramms, der Bürgerbeteiligung und der Zielsetzungen der jeweiligen Stadt. Zwar ist zu bedenken, dass die Mittel, welche die Europäische Union für die Finanzierung der Kulturhauptstadt zur Verfügung stellt, ausgesprochen gering sind – den Kulturhauptstädten im Jahr 2010 wurden von Seiten der EU jeweils 1,5 Mio. € zugesagt. Gleichwohl ist zu vermuten, dass neben der Organisation der diversen Veranstaltungen und Maßnahmen eines Kulturhauptstadtjahres die Frage der Legitimierung des Kulturhauptstadt-Programms und der damit verbundenen Aktivitäten eine der wesentlichen Aufgaben der Macher einer Kulturhauptstadt geworden ist. Diese Anforderung ist freilich dadurch charakterisiert, dass es keine allseits anerkannten Erfolgskriterien einer Kulturhauptstadt gibt. Bei der Repräsentation ihrer Arbeit greifen Organisatoren deshalb durchgängig zu Objektivationen, die im Format der Zahl codiert oder codierbar sind (vgl. Maeder 2000). Herangezogen und dokumentiert wird somit alles, was sich zählen lässt: Von den Besuchern und den verkauften Eintrittskarten über die Übernachtungen bis hin zu den Presseartikeln und Sendeminuten in Rundfunk und Fernsehen. Diese Daten wiederum sind die Basis, auf der allfällige Vergleiche zwischen den Kulturhauptstädten angestellt werden (können). Die Organisatoren einer Kulturhauptstadt müssen daher erhebliche Mühe und Energie darauf verwenden, diese quantifizierten Informationen in geeigneter Form zu kommunizieren. Dabei geht es nicht zuletzt auch darum, in der Öffentlichkeit Zustimmung für die Idee einer kulturgetriebenen Modernisierung zu erhalten.

2.2 Bedingungen regionaler Kooperation im Ruhrgebiet

Zum Jahreswechsel 2009/2010 wandte sich der Fokus der internationalen Kulturhauptstadt-Aufmerksamkeit von Linz und Vilnius ab und richtete sich – neben Istanbul und dem ungarischen Pécs – auf das Ruhrgebiet. Über nahezu ein Jahrzehnt hinweg hatte hier eine vierstellige Zahl an Akteuren insbesondere aus der regionalen Kulturszene, den Kulturverwaltungen, der Stadtpolitik, der Wirtschaft und dem Land das nun beginnende Festjahr vorbereitet. Dies erfolgte in einer Region, in der interkommunale Kooperation auf Grund einer unklaren räumlichen Abgrenzung, einer heterogenen regionalen Identität, einer historisch gewachsenen institutionellen Zergliederung, daraus resultierender polyzentraler Strukturen sowie machtpolitischer Kalküle kommunalpolitischer Akteure keineswegs als selbstverständlich erachtet wird. Vielmehr hatte die fehlende Stabilität der Region schon bei Kooperationsversuchen vor der Kulturhauptstadt zu erheblichen Fliehkräften und konkurrenzbedingten Blockaden geführt, die immer wieder eine Zusammenarbeit auf regionaler Ebene erschwerten.

Die Ursachen dieser komplexen regionalen Konstellation, in der die Kulturhauptstadt realisiert wurde, sind in der Geschichte des Ruhrgebiets als regionale Konstruktion zu suchen. Unter *Regionen* verstehen wir hier territoriale Abgrenzungen der Wirklichkeit, die sich anhand bestimmter, als relevant erlebter Kriterien – etwa Ethnie, Kultur, Sprache, Klima, Geologie, Wirtschaftsstruktur oder administrative Grenzen – konstituieren. Die territoriale Abgrenzung entfaltet nur dann reale Konsequenzen, wenn sie „Wirkungen auf Handlungen und Interaktionen, Personen, Gruppen oder Organisationen" (Benz und Fürst 2003, S. 15) zeigt. Die regionale Wahrnehmung basiert dabei auf Ereignissen und Erlebnissen der Menschen einer Region, die sich sowohl im kollektiven Gedächtnis der Region, als auch in der Außenwahrnehmung verankert haben und durch die alltägliche Relevanz stets bestätigt, angepasst und gefestigt wird. Die Raumkonstruktion einer Region prägt das Handeln der Akteure – nicht determinierend, sondern vielmehr stimulierend, ermöglichend oder auch restringierend (vgl. Mayntz und Scharpf 1995, S. 43; zur Identitäts-Konstruktion von Regionen vgl. Klein und Kunz 2011).

Das Ruhrgebiet mit seinen heutigen regionalen Raum-Bezügen entstand im Kern aus dem ‚Zutagetreten' geologischer Gegebenheiten ab Anfang des 19. Jahrhunderts. Bis dahin waren die Landstriche an Ruhr, Emscher und Lippe weitgehend unbeachtet und mit Ausnahme weniger Städte (wie Dortmund) oder Klöster (wie denen im heutigen Bochum-Stiepel und in Essen-Werden) kaum politisch oder kulturell relevant und lagen eher randständig zwischen den damaligen politischen und regionalen Zentren am Rhein und in Westfalen. Technische Neuerungen wie der Einsatz der Dampfmaschine ab 1799 ermöglichten dann einen massiven Strukturwandel, der sich innerhalb eines Jahrhunderts von der Namen gebenden Ruhr ausgehend den nach Norden abfallenden Kohleflözen folgend ausbreitete (vgl. Dege 1973). Die Zeit der Ruhr-Pioniere begann: Die Erde wurde mit immer ausgereifteren Techniken untertunnelt und das Land mit immer größeren Zechen, Bergbausiedlungen, Eisenhütten und der dazugehörenden Infrastruktur bebaut.

Die boomende Industrie hatte einen kaum zu stillenden Arbeitskräftebedarf, der bis in die 1960er Jahre mehrere Einwanderungswellen in das Ruhrgebiet auslöste. Zwischen 1852 und 1925 verzehnfachte sich die Bevölkerungszahl an Ruhr, Lippe und Emscher von 375.000 auf knapp 4 Mio. (vgl. Parent 1987) und wuchs in den 1960er Jahren auf knapp 6 Mio. Einwohner an. Als Motor des Wirtschaftswunders erlebte die auch Ruhrkohlenrevier, Ruhrkohlenbezirk, Rheinisch-Westfälisches Industriegebiet oder im Volksmund ‚Revier' oder ‚Kohlenpott' genannte Region (vgl. Dege 1973, S. 1) in den 1950er Jahren einen weiteren, aber vorerst letzten Wachstumsschub. Zum Ende dieses Jahrzehnts setzte erneut ein erheblicher Struk-

2.2 Bedingungen regionaler Kooperation im Ruhrgebiet 15

turwandel ein, der von umfangreichen Werkschließungen in der Montanindustrie ausging. Alleine zwischen 1957 und 1969 wurden 54 % der im internationalen Vergleich nicht mehr konkurrenzfähigen Förderkapazitäten im Steinkohlebergbau stillgelegt (vgl. Wehling 2002, S. 115).

Ohne Krieg und Wiederaufbau wäre die Kohle und mit ihr das Ruhrgebiet wohl schon Ende der vierziger Jahre in die Krise geraten, die in der realen Geschichte eben erst 1957 begann und Mitte der 1960er Jahre ihren Höhepunkt erreichte. Die Krise verschob sich um ein bis zwei Jahrzehnte und die Nachkriegszeit reichte aus, um mit ihren Wachstumsraten der Montanindustrie eine neue Blütezeit vorzutäuschen und dergestalt das Bewusstsein der Menschen im Ruhrgebiet zu prägen und zu stärken (vgl. Schlieper 1986, S. 145).

Zum Symbol des regionalen wirtschaftlichen Niedergangs wurden schließlich zahlreiche Werkschließungen in den späten 1980er Jahren, wobei sich der ‚Rheinhausen-Konflikt' um die Schließung eines Stahlwerks von Krupp in Duisburg mit der spektakulären Besetzung einer Rheinbrücke durch die Belegschaft in besonderem Maße in das kollektive Gedächtnis der Region einbrannte.

Der industrielle Boom und alle damit einhergehenden sozialen Chancen und Schwierigkeiten (Verdrängung der einheimischen Bevölkerung, ‚Arbeiter-Prekariat', Mangel an Wohnraum etc.) sowie die darauf folgende tief greifende Krise prägten über zwei Jahrhunderte hinweg das Leben und die Erfahrungen der Menschen an Ruhr, Emscher und Lippe. Und auch in der Außenwahrnehmung haftet dem Ruhrgebiet weiterhin ein montanindustriell geprägtes Image an, das eher mit Staub und Dreck assoziiert wird. Wer das Ruhrgebiet mit Tourismus, Kultur und Erholung in Zusammenhang bringt, löst – trotz der außergewöhnlichen Kultur- und Naherholungsdichte – außerhalb der Region häufig bestenfalls Stirnrunzeln aus (vgl. Scheytt 2006a, S. 209). Nicht zuletzt ist Menschen außerhalb der Region selbst die territoriale Abgrenzung des Ruhrgebiets häufig unklar. So werden nicht selten Städte wie Bielefeld, Wuppertal, Düsseldorf oder Köln dem Ruhrgebiet zugeschlagen.

Trotz der identitätsstiftenden kollektiven Erfahrungen der Industrialisierung und des Strukturwandels, auf die auch die Kulturhauptstadt-Macher mit ihrem Programmthema ‚Mythos Ruhr' rekurrieren, ist die Raumwahrnehmung der Region auch von innen heraus aus drei Gründen weiterhin heterogen:

- Erstens wird die Ausdehnung des Ruhrgebiets heute für gewöhnlich mit den Grenzen der einzigen die Region einenden politischen Institution – dem Regionalverband Ruhr – gleichgesetzt, dessen Geltungsbereich allerdings nicht alleine die industrialisierten Städte umfasst. Dieser in Essen ansässige kommunale Interessenverband, der neben Aufgaben der Wirtschafts-, Umwelt- und Freizeit-

2 Ausgangsbedingungen

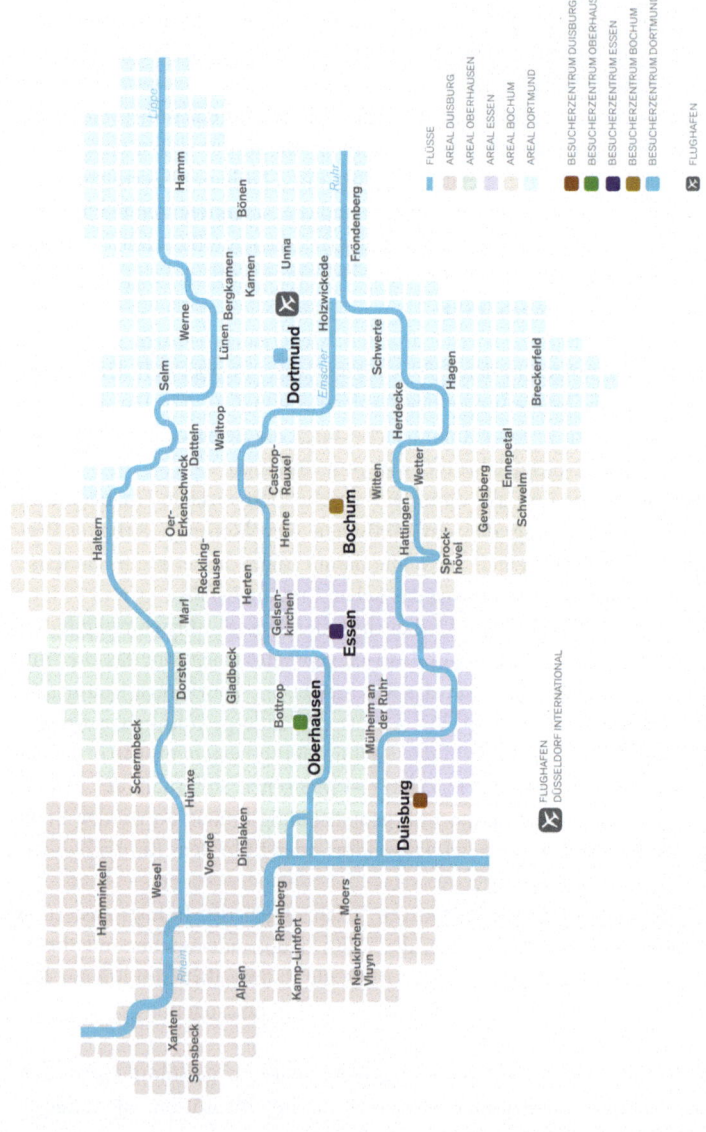

Foto 1: Das Ruhrgebiet heute. Besucherzentren in der Metropole Ruhr. (Grafik: RUHR.2010)

förderung, des Regionalmarketings sowie der regionalen Interessenvertretung seit 2009 auch wieder Aufgaben der staatlichen Regionalplanung erfüllt, wurde 1920 als Siedlungsverband Ruhrkohlenbezirk gegründet. Er sollte seinerzeit die Regionalplanung koordinieren und der unkontrollierten Zersiedelung Einhalt gebieten – nicht zuletzt auch, um den Reparations-Verpflichtungen aus dem Versailler Vertrag nachkommen zu können. Die Grenzen des Verbands basierten dabei auf einer Prognose: Die Gründer antizipierten den Fortlauf des damals noch anhaltenden Industrialisierungsprozesses und schlossen so auch Gemeinden in den Siedlungsverband ein, die – wie der Kreis Wesel und Teile der Kreise Recklinghausen, Unna und Ennepe-Ruhr – bis heute ländlich geprägt blieben. Insbesondere diese Gemeinden orientieren sich oftmals stärker an den sie umgebenden ländlichen Regionen, als am Ballungszentrum Ruhrgebiet.

- Die zweite Ursache für die fehlende Stabilität der regionalen Identitäts-Konstruktion liegt in weiterhin bestehenden konkurrierenden räumlichen Orientierungen. Bis in den Kern der Region hinein relevant ist etwa die weiterhin erfahrbare Aufteilung in das Rheinland und Westfalen, die insbesondere die Selbstwahrnehmung der Randstädte Duisburg als Rheinstadt im Westen und Dortmund als dem selbst ernannten ‚Tor Westfalens' im Osten prägen. Auch der sich überwiegend linksrheinisch befindende Kreis Wesel orientierte sich vorwiegend an der ‚Rheinschiene' und nicht am Ruhrgebiet. Weitere überlagernde Raumbezüge lassen sich im Kreis Recklinghausen zum Münsterland, im Kreis Unna und in der Stadt Hamm zur Hellwegregion mit dem Kreis Soest, in Teilen des Kreises Unna und der Stadt Hagen zum Sauerland sowie im Ennepe-Ruhr-Kreis zum Bergischen Land finden. Dies bedeutet zunächst, dass in diesen Gebieten die Kooperation mit den anderen Ruhrgebietskommunen weiterhin explikations- und legitimationsbedürftig ist und dass – etwa aus förderstrategischen oder aus Image-Gründen – regelmäßig Alternativen zur Region Ruhr gewählt werden.
- Drittens ist eine politisch-administrative Polyzentralität der Region festzustellen. Der heutige Regionalverband Ruhr besteht aus 53 Kommunen, die sich in vier Kreise und elf kreisfreie Städte aufteilen. Großstädte wie Gelsenkirchen, Oberhausen, Bottrop oder Hagen gehen im Ballungsraum Ruhrgebiet regelrecht unter, und selbst die ‚vier Großen' (Duisburg, Essen, Bochum und Dortmund) agieren bis heute eher gegen- als miteinander und konkurrieren regelmäßig um Industrieansiedlungen, Fördergelder und mediale Aufmerksamkeit. Aus Sicht kommunaler Stadtpolitiker ist aus machtpolitischen Gründen regionale Kooperation wenig attraktiv, weshalb die Städte in der Vergangenheit oftmals einem ‚Kirchturmdenken' verfielen oder gar die regionale Kooperation gänzlich in Frage stellten. Alleine im Jahr 2008 – die Kulturhauptstadt-Vorbereitungen

waren in vollem Gange – erwogen die kreisfreien Städte Dortmund und Hagen sowie der Kreis Wesel ernsthaft, aus dem Regionalverband Ruhr auszutreten. Dieses Verhalten trägt dazu bei, dass der Regionalverband als regionales Entscheidungsgremium – einer von vier Gesellschaftern der umsetzenden Kulturhauptstadt-Organisation – nur über eingeschränkte Entscheidungs- und Integrationskraft verfügt.

Die Folge der schwerfälligen regionalen Kooperation ist, dass die institutionellen Strukturen auf regionaler Ebene bis heute nicht vereinheitlicht wurden. Wichtige Kompetenzen wie die Kommunalaufsicht liegen weiterhin bei den aus der preußischen Neuordnung nach der napoleonischen Zeit und der Eingliederung Rheinland-Westfalens in den preußischen Staat im Jahr 1816 hervorgegangenen drei von außen in die Region hineinregierenden Regierungsbezirken Düsseldorf, Münster und Arnsberg (vgl. Goch 2004, S. 18; Kunzmann 2004, S. 101). Zudem spielen die 1953 als Nachfolgeorganisationen der preußischen Provinzialverbände gegründeten Landschaftsverbände Rheinland und Westfalen bis heute eine Rolle in der Regionalpolitik. Sie teilen das Ruhrgebiet in zwei Einflussbereiche auf und verfügen über Kompetenzen in sozial-, gesundheits-, jugend- und kulturpolitischen Bereichen (vgl. Goch 2004, S. 13). Zieht man zusätzlich zu den regionalen Institutionen noch weitere politische, wirtschaftliche und gesellschaftliche Regionen-Abgrenzungen in Betracht, wird das Bild der regionalen Akteure noch diffuser. Die territorialen Bezüge von Arbeitsämtern und Arbeitsmarktregionen, Bezirksverbänden der Parteien, Bezirken der Industrie- und Handelskammern, Handwerkskammern und Gewerkschaften, Bistümern und Polizeibezirken – um nur einige zu nennen – verlaufen nur in seltenen Fällen parallel und schneiden oftmals selbst die Grenzen von Kreisen, Regierungsbezirken und des Regionalverbands (vgl. Betz 2008).

Auch im Bereich der Kulturpolitik setzt sich diese institutionelle Zergliederung fort: In einer kulturpolitischen Initiative bestimmte die Landesregierung im Jahr 1995 landesweit 10 Kulturregionen, in denen die Kulturpolitik seitdem als kulturelle Einheit regionenspezifisch koordiniert und ausgebaut werden soll. Allerdings wurde das Ruhrgebiet auch hier aufgeteilt. Die RVR[1]-Stadt Hamm und der RVR-Kreis Unna wurden mit dem Kreis Soest in der Hellwegregion gebündelt, die Stadt Duisburg wurde sowohl der Kulturregion Niederrhein, als auch der Kulturregion Rheinschiene zugeordnet, soll aber zudem mit der Kulturregion Ruhrgebiet kooperieren. In einer dermaßen zergliederten Region, in der Akteure über unterschied-

---

[1] Der Regionalverband Ruhr (RVR) ist der aus dem Siedlungsverband Ruhrkohlebezirk hervorgegangene kommunale Verwaltungs- und Interessenverband, der die 53 Städte (in 4 Kreisen und 11 kreisfreien Städten) miteinander verbindet. Die Grenzen des RVR gelten heute als die offizielle Grenze des Ruhrgebiets.

2.2 Bedingungen regionaler Kooperation im Ruhrgebiet

lichste regionale Bezüge verfügen, wird auch regionale Politik – nicht zuletzt durch das Fehlen regional bündelnder Strukturen und einer dadurch bedingt größeren Anzahl jeweils relevanter Akteure – erheblich erschwert.

Mit der oftmals durch Konkurrenz geprägten, zergliederten, überlappenden Konstellation von Akteuren des Ruhrgebiets sowie mit dem Fehlen eines starken, die Region einenden Akteurs ist zu erklären, weshalb die Impulse zahlreicher überkommunaler Strukturpolitikprogramme seit Beginn des Strukturwandels stets vom Land Nordrhein-Westfalen, dem Bund oder der Europäischen Union ausgingen und nicht von regionalen Akteuren (vgl. Goch 2011). Auch die in der Öffentlichkeit als Erfolg wahrgenommene ‚Internationale Bauausstellung Emscherpark' (IBA Emscherpark), die oft als Vorgängerprojekt der Kulturhauptstadt gesehen wird, war im Jahr 1988 vom Land initiiert und von einer politisch eher schwachen regionalen Sonderorganisation koordiniert worden. Die IBA Planungsgesellschaft GmbH verfügte selbst über keine eigenen Projektmittel, sondern konnte lediglich das IBA-Siegel vergeben, welches zu bevorzugter finanzieller Förderung der ausgewählten Projekte aus herkömmlichen Finanztöpfen des Landes berechtigte (vgl. Goch 2011).

Spätestens die IBA Emscherpark-Erfahrung hat zur Jahrtausendwende ein allmähliches Umdenken in der Region ausgelöst. So sind immer mehr regionale Initiativen zu verzeichnen sowie ein verstärktes Engagement der Kommunen auch in vom Land mitgeprägten Projekten. Dazu gehören unter anderem die in der ‚Kultur Ruhr GmbH' und der ‚Ruhr Tourismus GmbH' gebündelten Nachfolgestrukturen der ‚IBA Emscherpark' – besonders prominent die noch weitestgehend vom Land finanzierte ‚Ruhrtriennale' (vgl. Scheytt 2006a). Auch die Planungsgemeinschaft ‚Städteregion 2030' oder die vereinbarte Kooperation zwischen mehreren Kommunen des mittleren Ruhrgebiets bei der Anwerbung von Investoren sowie die gemeinsame Vermarktung von Immobilien sind Beispiele für städteübergreifendes Engagement. Nicht zuletzt der 1988 zur Unterstützung des regionalen Strukturwandels gegründete ‚Initiativkreis Ruhr', ein Zusammenschluss der aktuell ca. 70 größten Unternehmen der Region, initiierte städteübergreifende Projekte in den Bereichen Bildung, Wissenschaft und Kultur.

Somit ist festzuhalten, dass die Kulturhauptstadt RUHR.2010 in einer Region initiiert wurde, in der Kooperationsnetzwerke und das damit verbundene Vertrauen sowie interkommunale Entscheidungs- und Handlungsroutinen erst konstituiert und verstetigt werden mussten. Hinzu kam die hohe Zahl an Akteuren, die es in vielen Bereichen nahezu unmöglich machte, Kooperationen allein auf persönliche Sympathien und personelle Stabilität zu gründen. Auch der traditionell zwischen den Kommunen immer wieder aufflackernde Konkurrenz-Modus konnte eine stabile regionale Zusammenarbeit stören. Nichts desto trotz war in der Zeit der

Bewerbungs-Initiierung auch ein allmähliches Umdenken der Stadtpolitik zugunsten regionaler Kooperation zu verzeichnen. Gleichwohl war es für die Event-Macher alles andere als vorhersehbar, ob es ihnen gelingen würde, mit Hilfe des Titels ‚Kulturhauptstadt' die regionalen Akteure in produktive Kooperationen einzubinden.

2.3 Geschichte der Kulturhauptstadt-Bewerbung

Die Bewerbung des Ruhrgebiets für die Kulturhauptstadt Europas 2010 ist das erste nennenswerte, international renommierte Prestigeprojekt, das von einer breiten Koalition von politischen, gesellschaftlichen und wirtschaftlichen Akteuren der Region sowie unter dem Dach des Regionalverbands Ruhr gemeinsam angestoßen, getragen und durchgeführt wurde. Die erste Idee einer Ruhrgebietsbewerbung wurde am 9. Januar 2001 in einem Interview der Kulturdezernenten aus Bochum, Essen, Oberhausen, Duisburg und Gelsenkirchen bei der Westdeutschen Allgemeinen Zeitung (WAZ) öffentlich ausgesprochen. Die Kulturbeigeordnetenkonferenz des seinerzeitigen Kommunalverbands Ruhrgebiet (heute Regionalverband Ruhr) schlug am 28. Juni 2001 eine Bewerbung des Ruhrgebiets offiziell vor, der Kulturausschuss beschloss ein Jahr später die Finanzierung der Bewerbung sowie die Errichtung eines Bewerbungsbüros.

Darauf folgte ein regelrechter Bewerbungsmarathon über vier Etappen, die stets in einer (Jury-)Entscheidung mündeten und von zahlreichen öffentlichkeitswirksamen Aktionen, Gesprächen, Meetings und Vorträgen der in die Bewerbung involvierten Akteure begleitet wurden. Zunächst musste sich das Ruhrgebiet auf eine Stadt als Bannerträgerin einigen, da die Statuten der Europäischen Kommission keine Bewerbung einer Region zuließen. Am 9. Februar 2004 konnte sich die Stadt Essen in der Verbandsversammlung des Kommunalverbands mit einer Mehrheit von zwei Stimmen gegen Bochum durchsetzen, womit die *interne Sondierungsphase* abgeschlossen wurde. Um den EU-Statuten gerecht zu werden, sahen sich die Akteure außerdem gezwungen, entgegen ihres eigenen Verständnisses der Bewerbung *einer* Region, den Namen der Bannerträgerin auch im offiziellen Titel der Bewerbung zu nennen. So konkurrierte in der nächsten Bewerbungsrunde (*Landesausscheidung*) ‚Essen für das Ruhrgebiet' mit Köln und Münster um den Status des Kulturhauptstadtkandidaten des Landes Nordrhein-Westfalen und konnte sich am 20. Mai 2004 entgegen aller Prognosen bei den fünf Jury-Mitgliedern einstimmig durchsetzen. Bei der *nationalen Ausscheidung* traten insgesamt zehn Städte gegen das ‚Ruhrgebiet' an. Die Jury auf Bundesebene konnte sich allerdings nicht abschließend entscheiden und verkündete am 29. April 2005, den Bewerber ‚Essen

2.3 Geschichte der Kulturhauptstadt-Bewerbung 21

Foto 2: Verhüllung des Hauptsitzes von Evonik Industries (damals RAG) in der Bewerbungsphase des Ruhrgebiets zur Kulturhauptstadt Europas im Mai 2004. (Foto: RUHR.2010/schacht 2)

für das Ruhrgebiet' an erster Stelle und Görlitz mit seiner polnischen Zwillingsstadt Zgorzelec an zweiter Stelle der Europäischen Kommission für die letzte Wettbewerbsrunde vorzuschlagen. Die *EU-Ausscheidung* endete schließlich am 11. April 2006, als die Jury verlauten ließ, dass nach einer umfassenden Debatte, welche auch die Ziele und Kriterien der Kulturhauptstadt-Idee einschlossen, die Jury den Konsens erzielte, „Essen aufgrund des innovativen und herausragenden Charakters und der Wichtigkeit des Projekts, das es 2010 und darüber hinaus verwirklichen will, für den Titel zu nominieren" (Selection Panel 2006).

Als wichtigen Faktor für die erfolgreiche Kooperation der Region während der Bewerbung nannten Akteure der Bewerbung in Interviews rückblickend, dass das Land Nordrhein-Westfalen im ersten Bewerbungsschritt auf Landesebene Neutralität bewahren musste. Der hierdurch den eigenen Anstrengungen zurechenbare Nominierungserfolg gegen die favorisierten Mitbewerber Köln und Münster verschaffte den Protagonisten der Bewerbung eine starke Position gegenüber

Kritikern sowie dem in regionalpolitischen Themen und Projekten traditionell dominierenden Land. Die Bewerbung wurde auch dadurch begünstigt, dass die notwendigen Investitionen für die Bewerbung relativ gering waren, weshalb sich auch die Skepsis in den klammen Revierkommunen in Grenzen hielt: Lediglich das Bewerbungsbüro sowie wenige öffentlichkeitswirksame Marketingaktionen mussten finanziert werden. Auch die – zumindest zu Beginn – geringen Erfolgsaussichten sollten sich als förderlich für die Bewerbung erweisen, denn Kritiker aus den Städten – insbesondere Politiker der Städte Dortmund und Duisburg – sahen noch wenig Anlass, ihre Vorbehalte wirkmächtig zu artikulieren. Schließlich würden, so ihr Kalkül, Finanzierungszusagen und andere Beschlüsse für eine spätere Kulturhauptstadt aufgrund des wahrscheinlichen Scheiterns niemals eingehalten werden müssen. Als allerdings die ersten Erfolge in den Bewerbungsrunden erzielt worden waren, engagierten sich auch vormalige Zweifler. Denn wer sich einbrachte, konnte etwa durch die Austragung wichtiger Veranstaltungen und Projekte – im Sinne von selektiven Anreizen (vgl. Olson 1985, S. 130) – öffentlichkeitswirksame Effekte erwarten. Durch die Bewerbung wurde über die Grenzen der Region hinaus zusätzliche öffentliche Aufmerksamkeit erzeugt, die (im Sinne eines ‚Positivsummenspiels') den aktiv Beteiligten zugutekam.

Am 28.12.2006 wurde die ‚RUHR.2010 GmbH Essen für das Ruhrgebiet' (im Folgenden RUHR.2010 GmbH) offiziell gegründet, in die das am Ende sechsköpfige Bewerbungsbüro überging. Die RUHR.2010 GmbH wurde mit der Förderung der Kunst und Kultur mit dem Ziel einer Fortentwicklung der kommunalen und regionalen Kulturstrukturen beauftragt. Dieser Zweck sollte „insbesondere durch die Realisierung des Projekts Essen für das Ruhrgebiet – Europäische Kulturhauptstadt 2010" (§ 2 Abs. 1–2 des Gesellschaftsvertrags der RUHR.2010 GmbH) realisiert werden. Die ab 2007 aufgebaute Organisation hatte also in erster Linie die Aufgabe, den Kulturhauptstadt-Titel auf Basis der in der Bewerbungsschrift festgelegten Programmatik im regionalen Kontext zu konkretisieren und mit Inhalt zu füllen. Aufgrund der hohen Anzahl an zu erwartenden Interessenten für die Teilnahme am Kulturhauptstadtprogramm und der damit verbundenen Vielfalt von Ansprüchen war absehbar, dass von den Mega-Event-Machern ein Management multipler Divergenzen abverlangt werden würde. Allerdings konnte die RUHR.2010 GmbH mit dem Erfolg der Bewerbung auf eine erfolgreiche Kooperationsgeschichte verweisen. Die Euphorie in der Region war groß und die Erwartungen an die Kulturhauptstadt stiegen erheblich, so dass die Öffentlichkeit – getragen durch den Erfolg der Bewerbung – einen zusätzlichen Kooperationsdruck erzeugte und damit die Bedingungen für eine weitergehende Zusammenarbeit weiter verbesserte.

Die Kulturhauptstadt Europas RUHR.2010 wurde nicht nur in einer Region mit heterogener Identität und polyzentrischen Strukturen ausgehandelt und um-

2.3 Geschichte der Kulturhauptstadt-Bewerbung

gesetzt, sondern mit ihr wurden diese beiden Aspekte auch explizit thematisiert und behandelt. Im ‚Gesellschaftsprofil' der RUHR.2010 GmbH aus dem Jahr 2007 wird die Kulturhauptstadt nicht als ein reines Festivalevent definiert, sondern vor allem als regionales Entwicklungsprojekt mit europäischer Dimension. Die Kulturhauptstadt solle nämlich einen Beitrag zur Entwicklung der ‚Metropole Ruhr' leisten: Dies „sowohl im Bewusstsein der Bevölkerung im Ruhrgebiet, als auch in der Außenwahrnehmung". Zum Leitbild für die Programmatik der Kulturhauptstadt wurde die Formel von der ‚Metropole im Werden' erkoren. Der Bewerbungstitel ‚Essen für das Ruhrgebiet' ist, wie bereits erwähnt, lediglich den Statuten der Europäischen Union geschuldet, die (bislang) Bewerbungen einer Region nicht vorsehen. Auch während der Umsetzung der Kulturhauptstadt wurde der Zusatz ‚Essen für das Ruhrgebiet' nahezu ausschließlich als offizieller Name verwendet, floss aber in die Semantik bei der Selbstdarstellung nicht ein.

Mit der ‚Metropole Ruhr' versuchten die Kulturhauptstadt-Macher, ein Identitätsangebot für die Region zu entwickeln. Eine Diskussion über die Frage, ob sich eine Region überhaupt als Einheit begreifen lässt, der Identität zugeschrieben werden kann, fand dabei gleichwohl nicht statt. Regionale Identität steht „in diesem Diskurs vor allem für Eindeutigkeit, Erkennbarkeit, Alleinstellung gegenüber anderen. Denn, so die schlichte Annahme, nur wer eindeutig erkennbar ist, kann sich von anderen abheben und sich somit einen – meint vor allem ökonomisch wirksamen – Platz im Wettbewerb der Regionen sichern" (Klein und Kunz 2011, S. 45). Ebenso wurde der Modus der regionalen Beziehungen im ‚Gesellschaftsprofil' der RUHR.2010 GmbH verankert: Zu den Zielen der Kulturhauptstadt gehöre nämlich auch die kulturelle Zusammenarbeit der Städte, Kreise und Gemeinden. Damit solle die Kulturhauptstadt als „der Treibriemen für den weiteren Aufbau regionaler Kooperationsstrukturen" fungieren und „über den Kulturbereich hinaus Wirkung entfalten". Letztendlich solle das „in neue Strategien der Stadt- und Regionalentwicklung münden".

Management multipler Divergenzen 3

3.1 Modellvarianten einer Kulturhauptstadt und ihre Umsetzung

Im Unterschied zu anderen Großveranstaltungen wie ‚Weltausstellungen' oder ‚Olympischen Spielen' gelten ‚Kulturhauptstädte' und ‚Internationale Bauausstellungen' als Veranstaltungsformate, die den lokalen Ausrichtern relativ große Handlungsspielräume zugestehen (vgl. Kap. 2.1.3). Auf einer allgemeinen Analyseebene kann somit zwischen ‚gestaltungsarmen' und ‚gestaltungsoffenen' Events unterschieden werden. Auf der Ebene der gestaltungsoffenen Großereignisse wiederum lassen sich bestimmte Gestaltungsalternativen unterscheiden, die zum Gegenstand von Auseinandersetzungen zwischen den Beteiligten werden können. Der Ausgang dieser Kontroversen berührt die Verlaufsstruktur des Events. Worin bestanden nun in dieser Hinsicht die Optionen bei der Gestaltung der europäischen Kulturhauptstadt RUHR.2010?

Die RUHR.2010 GmbH kann als organisatorischer Mittelpunkt des Managements der Kulturhauptstadt RUHR.2010 verstanden werden (vgl. Betz und Niederbacher 2011). Sie wurde als temporäre Organisation abseits der öffentlichen Verwaltungsstrukturen konzipiert und mit der Aufgabe betraut, das Programm der Kulturhauptstadt zu realisieren (vgl. Kap. 3.3). Sie ist gleichzeitig aber auch Bestandteil einer Gesamtkonzeption, die den Rahmen für die Realisierung der Kulturhauptstadt RUHR.2010 bildet. Die Bestimmung dieses Rahmens war das Resultat eines Aushandlungsprozesses, bei dem kommunal- und landespolitische Akteure eine wesentliche Rolle spielten (vgl. Kap. 2.3). Um den Implikationen des gewählten Rahmens für die Aufgabenstellung der RUHR.2010 GmbH, der ‚Realisierungsorganisation' der Kulturhauptstadt, auf die Spur zu kommen, wird hier zwischen zwei idealtypischen Formen unterschieden, die als das *pluralistische Mo-*

dell und das *monistische Modell* einer Kulturhauptstadt bezeichnet werden und die mit je spezifischen Schwerpunktsetzungen, Aufgabenstellungen und entsprechenden Problemlagen verbunden sind. Nach unseren Erkenntnissen bestand die besondere Herausforderung für die Arbeit der RUHR.2010 GmbH gerade darin, Anforderungen aus beiden Modellen erfüllen zu wollen oder zu müssen, die nicht ohne weiteres miteinander kompatibel sind.

3.1.1 Monistisches versus pluralistisches Modell einer Kulturhauptstadt

Kulturhauptstadt-Modelle sind einerseits das Ergebnis ganz bestimmter programmatisch-konzeptioneller Überlegungen und Entscheidungen, zum anderen sind mit ihnen je unterschiedliche organisatorische Implikationen verbunden. Aus jedem dieser Modelle ergeben sich, so unsere Annahme, nicht nur spezifische Aufgabenstellungen, sondern zugleich wird mit ihnen die Wahl ganz bestimmter organisatorischer Arrangements und Vorgehensweisen präjudiziert. Darüber hinaus unterscheiden sich die beiden Modelle darin, welchen ‚Erfolgskriterien' sie jeweils den größeren Stellenwert einräumen (müssen).

Den Kern eines Kulturhauptstadt-Modells bildet die *programmatisch-konzeptionelle Ausrichtung*. In dieser Hinsicht setzt das pluralistische Modell bevorzugt darauf, von der Vielfalt der diversen Akteure und Akteuregruppen in der Stadt oder der Region und entsprechend von einer Vielzahl an (auch disparaten) (Projekt-)Ideen für die Ausgestaltung des Programms der Kulturhauptstadt auszugehen. Eine ganz wesentliche Funktion kommt darüber hinaus der Dimension der Vernetzung von Akteuren und Aktivitäten zu. Dieses Prinzip kann beispielsweise mit der Aufforderung an die bislang meist unabhängig voneinander operierenden Akteure des Kulturbereichs verbunden sein, ihre beabsichtigten Aktivitäten bereits in der Planungsphase unter dem Gesichtspunkt der Kooperation miteinander zu verknüpfen. Diese Auflage ändert freilich nichts an der generellen Ausrichtung, ein breites Spektrum von Projekten zu generieren.

Im Rahmen des pluralistischen Modells wird also ein ‚induktiver' Pfad beschritten, das heißt auf der Basis von Projektvorschlägen der verschiedenen Akteure wird eine übergreifende Programmatik entwickelt bzw. zumindest wird der Versuch dazu unternommen. Hier scheinen Parallelen zur Maltechnik des Pointilismus auf (vgl. Siebel 2011). Wird dabei versucht, aus kleinen Farbtupfern ein Bild zu komponieren, dessen Gestalt und Wirkung sich nur aus einiger Entfernung erkennen lässt, so setzt das am pluralistischen Modell orientierte Vorgehen im Rahmen einer

3.1 Modellvarianten einer Kulturhauptstadt und ihre Umsetzung

Kulturhauptstadt auf die Wirksamkeit zahlreicher Einzelprojekte, mit deren Hilfe sich insgesamt ein struktureller Wandel ergeben soll.

Das monistische Modell, das auch als Intendanz-Modell bezeichnet werden kann, geht dagegen von einer Art ‚Zentralgewalt' aus, welche die konzeptionelle und programmatische Leitlinie der Kulturhauptstadt vorgibt. Es lässt sich von einer übergeordneten Grundidee leiten und entwickelt bzw. ‚sucht' sich die dazu passenden Projekte. Eingeschlagen wird also ein ‚deduktiver Weg'. Im Unterschied zum pluralistischen Modell, bei dem die Mobilisierung und die Förderung der endogenen Potentiale einer Stadt oder einer Region im Vordergrund stehen, setzt das monistische Modell betont auf kulturelle ‚Highlights' und die Errichtung architektonischer ‚Landmarken', die sowohl national als auch international wahrnehmbar sein sollen. Entsprechend stützt man sich bei der Programmerstellung stärker auf internationale Stars und deren Renommee und wesentlich weniger auf lokale Künstler, deren überregionaler Bekanntheitsgrad gering ist. Unterschiede bestehen zwischen den beiden Modellen auch in der Gewichtung von Erfolgskriterien. Während das pluralistische Modell auf die Langfristigkeit und Nachhaltigkeit der verfolgten Projekte setzt, zielt das monistische Modell auf kurzfristig erreichbare Ziele wie etwa den Anstieg der Medienaufmerksamkeit oder die Steigerung der Übernachtungszahlen.

Aus organisationssoziologischer Sicht von Interesse sind die unterschiedlichen organisationalen Implikationen, die mit den beiden Modellen verbunden sind. Während die Umsetzung des monistischen Modells sich per definitionem ein Stück weit über die Befindlichkeiten der lokalen Akteure hinweg setzt (und setzen kann), ist das pluralistische Modell ungleich stärker auf die aktive Unterstützung eben dieser Akteure angewiesen. Zu diesem Zweck müssen geeignete Organisationsformen gefunden werden. Schließlich ist eine Antwort auf die Frage zu finden, wie die Realisierungsorganisation intern gestaltet werden muss, wenn das Kulturhauptstadtprogramm nicht nur im Kern aus eher kurzzeitigen Festivalaktivitäten besteht, sondern wenn ein ganzjähriges Vollprogramm zu entwickeln und durchzuführen ist. Da das monistische Modell stärker auf die (überregionale) Außenwirkung der Kulturhauptstadt zielt (und zielen kann), kommt hier der Marketing- und Öffentlichkeitsarbeit höchste Priorität zu. Demgegenüber steht im Rahmen des pluralistischen Modells die Arbeit an der Evaluierung und Umsetzung von konzeptionellen Projektideen aus dem lokalen und regionalen Umfeld im Vordergrund. Diese Unterschiede dürften ihren Niederschlag im jeweiligen Stellenwert der entsprechenden Funktionsbereiche innerhalb der Realisierungsorganisation finden.

3.1.2 Aporien der Kulturhauptstadt-Modelle

Die Wahl eines bestimmten Kulturhauptstadt-Modells scheint fast zwangsläufig mit Zielkonflikten einher zu gehen. Ein Blick in die Geschichte der Kulturhauptstädte zeigt, dass ein sicherer Weg, Kritik zu provozieren, darin besteht, einen allgemeinen Aufruf zur Entwicklung von Ideen und zur Einreichung von Vorschlägen zu lancieren. Mit großer Wahrscheinlichkeit wird es dann nicht lange dauern, wie etwa das Beispiel Stockholm 1998 zeigt (vgl. Pipan und Porsander 2010), bis der Vorwurf erhoben wird, der ganzen Unternehmung fehle es an einer grundlegenden Leitidee. Dies scheint die Standardkritik an einem Vorgehen zu sein, das sich am pluralistischen Modell orientiert. Werden umgekehrt klare inhaltliche Vorgaben gemacht, wie das der Essenz des monistischen Modells entspricht, kann dem leicht entgegen gehalten werden, damit die Vielfalt der lokalen Szene vor Ort unberücksichtigt zu lassen. Selbstverständlich ist es denkbar, einen Mittelweg zwischen den Extremen zu suchen und ein Hybrid-Modell zu lancieren. Aber auch damit ist keinesfalls eine spannungsfreie und konstruktive Situation garantiert. Derartige Spannungen offenbaren sich etwa in der Frage nach den Kosten von so genannten ‚Leuchtturmprojekten', die zwar für überregionale Aufmerksamkeit sorgen, den lokal oder regional orientierten Projekten aber Mittel streitig machen. Auch muss der Gefahr begegnet werden, dass die lokalen und seit langem etablierten kulturellen Institutionen und Akteure die Tendenz haben, mehr oder weniger nur das zu reproduzieren, was sie schon seit jeher tun, nur eben jetzt mit Hilfe von Mitteln der Kulturhauptstadt. Dem Anspruch, mit Hilfe des Kulturhauptstadtjahres einen Strukturwandel anzustoßen, dürften derartige Strategien kaum genügen. Ein weiteres potentielles Spannungsfeld tut sich auf dem Gebiet der Kommunikationspolitik auf: Zwar sollen die Interessen der lokalen und regionalen Akteure berücksichtigt werden, dabei können aber die überregionalen Meinungsmacher nicht einfach ignoriert werden, auf deren Anforderungen und Berichterstattungen muss *ebenfalls* reagiert werden.

3.1.3 Die Kulturhauptstadt RUHR.2010 als ‚Kompromiss' zwischen Pluralismus und Monismus

Es hat sich gezeigt, dass die Kulturhauptstadt RUHR.2010 keinem der beiden hier skizzierten Modelle in Reinform entspricht. Unsere Beobachtungen im Feld sowie Gespräche mit Akteuren der kulturellen ‚Szene' des Ruhrgebiets weisen darauf hin, dass die Existenz unterschiedlicher Vorstellungen über den angemessenen Rahmen der Kulturhauptstadt während der gesamten Vorbereitungszeit das Handeln

3.1 Modellvarianten einer Kulturhauptstadt und ihre Umsetzung

der verschiedenen politischen und kulturellen Akteure beeinflusst hat. Wir haben es bei der RUHR.2010 also mit einer Mischform zu tun, die im Zeitverlauf zwischen den Extremen oszillierte, wenn auch die pluralistische Seite meist mehr oder weniger deutlich im Vordergrund stand und in den offiziellen Verlautbarungen der Organisatoren propagiert wurde.

Das Aufeinanderprallen unterschiedlicher Vorstellungen über die Ausgestaltung der Kulturhauptstadt ließ sich schon nach der Nominierung des Ruhrgebiets auf Landesebene beobachten. Für die erste Ausscheidungsrunde, in der ‚Essen für das Ruhrgebiet' gegen die Städte Münster und Köln antrat, wurde zunächst eine am pluralistischen Modell orientierte Strategie verfolgt. Im Mai 2004, nur wenige Tage nach der Jury-Entscheidung, brachte die Landesregierung ihre Anforderungen gegenüber dem Bewerbungsbüro in Essen ins Spiel. Symptomatisch dafür war der Streit um die Papierwahl für die Bewerbungsbroschüre, mit der wenige Wochen später die Bundesausscheidung bestritten werden sollte. Hinter der Alternative ‚Hochglanz' versus ‚Offenporigkeit' standen freilich im Wesentlichen unterschiedliche programmatische und formale Auffassungen. Während sich das Land für eine Präsentation von kulturellen Glanzlichtern und der Demonstration der vorhandenen (hoch-)kulturellen Exzellenz in die Bresche warf, plädierten die Vertreter der kommunalen Ebene sowie des Bewerbungsbüros dafür, ein ehrliches Gesicht der Region mit Blick auf Ecken und Kanten – positiv ausgedrückt: auf Orte mit Entwicklungspotential – zu präsentieren. Außerdem versuchte das Land schon zu diesem Zeitpunkt, Einfluss auf die Gestaltung der Führungsstruktur der (Bewerbungs-)Organisation zu nehmen und den bisherigen Moderator der Bewerbung (Georg Költzsch) zu ersetzen. Nach der Verkündung der EU-Entscheidung für das Ruhrgebiet entbrannte schließlich eine Auseinandersetzung um das zu implementierende Führungs- und Organisationsmodell, die in der öffentlichen Berichterstattung als ‚Zank' zwischen den Kulturdezernenten des Ruhrgebiets, dem Land NRW sowie den übrigen avisierten Gesellschaftern der zu gründenden RUHR.2010 wahrgenommen wurde.[1]

Beim Streit zwischen den Kommunen und dem Land NRW ging es aber nur vordergründig um die Person des US-amerikanischen Theaterregisseurs Peter Sellars

---

[1] „Am 13. November [2006] wurde in Brüssel die offizielle Urkunde überreicht. In der frisch gegründeten ‚Ruhr 2010 GmbH', der Hauptstadtjahr-Planungsorganisation, sollten jetzt eigentlich nichts als Freude und Arbeitseifer herrschen. Stattdessen herrscht Zank. Zank um den künstlerischen Leiter des Kulturhauptstadt-Programms, den es nach dem erklärten Willen der Revier-Kulturdezernenten gar nicht geben soll. Nach dem Willen der Landesregierung aber doch, und zwar möglichst in Person des amerikanischen Theaterregisseurs Peter Sellars. Der Initiativkreis Ruhrgebiet, der Regionalverband Ruhr (RVR) und die Stadt Essen stehen irgendwo dazwischen" (Deuter 2006).

als vom Land favorisiertem Kulturhauptstadt-Intendanten. Strittig waren vor allem die Fragen, mit *welchen* kulturellen Mitteln und in *welchem* organisatorischen Rahmen die Kulturhauptstadt genutzt werden soll, um den Strukturwandel im Ruhrgebiet voranzutreiben. Noch vor der endgültigen Entscheidung der EU-Kommission bekräftigte der Kulturdezernent von Essen und Moderator der Kulturhauptstadt-Bewerbung (Oliver Scheytt) die am pluralistischen Modell orientierte Position der Kulturpolitiker des Ruhrgebiets, wonach eben zunächst kein Intendanten-Modell in Frage kommt: „Ein Intendant würde seine eigenen Vorstellungen verwirklichen, das wäre seine Aufgabe. Wir haben es hier aber mit einem Programm zu tun, das aus der Region entwickelt wurde, von vielen erdacht, von fachlich versierten Mentoren betreut. Eine Gemeinschaftsleistung der Köpfe der Region. (…) Kulturhauptstadt ist kein Festival, wer das behauptet, hat das Konzept nicht verstanden. Eine Kulturhauptstadt braucht eine nachhaltig wirkende Strukturentwicklung und -organisation" (Scheytt 2006b).

Dem stand die Auffassung des Landes NRW gegenüber, das eine ‚Öffnung' der Kulturhauptstadt für überregionale Akteure favorisierte und die durch den damaligen Kulturstaatssekretär Grosse-Brockhoff (2006) folgendermaßen zum Ausdruck gebracht wurde: „Ich akzeptiere, dass das Ruhrgebiet erstens eine unglaublich gute Bewerbung hingelegt hat. Dass es zweitens auch sehr viel Hervorragendes wird auf die Beine stellen können. Aber ich werde wirklich nachdenklich, wenn jemand sich selbst genügt und glaubt, nicht auch einen Input, einen Anstoß von außen zu brauchen. Beides muss stattfinden: sowohl die Selbstdarstellung der Kultur im Ruhrgebiet, die ja vielleicht jetzt erstmals die finanzielle Möglichkeit erhält, ihre wahren Potenzen zu zeigen – als auch der Anstoß von außen. Es geht nicht an, da gleich zu rufen ‚Einen Sellars brauchen wir hier nicht'. Das ist für mich kleinkariert."

Diese Sichtweise stieß (zumindest) bei Vertretern der überregionalen Presse auf positive Resonanz. Dieser Umstand ist deshalb von Bedeutung, weil der Medienberichterstattung bei der öffentlich wirksamen Deutung und Beurteilung einer Kulturhauptstadt ein großer Stellenwert zukommt. Im vorliegenden Fall kritisierte etwa ‚Die Welt' die Abwehrhaltung der regionalen Kulturpolitiker des Ruhrgebiets gegen Außeneinflüsse: Glaubt man den Kommentaren „der lokalen NRZ, so würde ein ‚importierter Musen-Messias im Ruhrgebiet als Düpierung der eigenen Kräfte empfunden'. Da muss man sich schon fragen, warum eine solch gewichtige Region so wenig Selbst-, aber auch Geschichtsbewusstsein hat. Denn die industrielle Blüte des Reviers wäre ohne die vielen Kräfte von außen undenkbar gewesen. Warum sollten sie da der kulturellen Blüte eigentlich schaden" (Hoffmans 2006)?

Allerdings stand bei dieser Auseinandersetzung um die Ausgestaltung des Kulturhauptstadtjahres nicht allein die Frage der Gewichtung zwischen regionalen und internationalen Akteuren zur Debatte. Im Kern drehte sich die Diskussion viel-

3.1 Modellvarianten einer Kulturhauptstadt und ihre Umsetzung

mehr um die kulturellen Inhalte und die Präsentationsformen, die einer Kulturhauptstadt zu Gebote stehen. Auf den engen Zusammenhang zwischen Inhalt und Darstellungsweisen einerseits und dem veränderten politischen Stellenwert von Kultur andererseits haben verschiedentlich Kulturschaffende der Region aufmerksam gemacht. So etwa der Leiter des ‚Theaters an der Ruhr' in Mülheim an der Ruhr, Roberto Giulli, der in einem Interview mit der NRZ schon lange vor Beginn des Kulturhauptstadtjahrs auf die Zwänge hinwies, die aus dem neuen Rang von Kultur erwachsen: „Vor 15 Jahren hatten die Kulturpolitiker noch nichts zu sagen. Die Kultur war für die Politik uninteressant. Dann wurde sie für das Image interessant, dann kam die Rolle als Standortfaktor, die Kulturwirtschaft wurde erfunden – jetzt hat die Politik entdeckt, dass man mit Kultur Politik machen kann, und vielleicht auch die wirkliche Bedeutung von Kultur. (…) Wenn Sie heute ein öffentliches Projekt realisieren wollen, müssen Sie Chimären erfinden, um eine Chance zu haben. Mit anspruchsvollen, intelligenten Ideen haben Sie selten eine Chance. Man will keine Kritik, sondern Repräsentation. (…) [D]ahinter steckt keine Strategie. Aber die Quote, und die verlangt eine repräsentative Kultur – also Festivals, Events, Feuerwerke" (Ciulli 2006).

Mit der Entscheidung für die Installierung einer sogenannten ‚Doppelspitze' (in den Personen des Essener Kulturdezernten Oliver Scheytt und des ehemaligen Intendanten des WDR, Fritz Pleitgen) für die operative geschäftsführende Leitung der RUHR.2010 GmbH wurde auf Initiative des Ministerpräsidenten von NRW und des Oberbürgermeisters von Essen ein Kompromiss gefunden. Dieser Kompromiss, der Anfang 2007 von den vier Gesellschaftern der RUHR.2010 GmbH bestätigt wurde, kann als wichtiger Schritt zu einer Vermischung von pluralistischem und monistischem Modell interpretiert werden. Zwar war durch diese Personalentscheidung die Frage der Besetzung der Stelle *eines* künstlerischen Leiters (und damit eine rein monistische Option) vom Tisch. Die Erwartung von großen kulturellen ‚Paukenschlägen', mit denen das Ruhrgebiet weltweit auf sich aufmerksam machen könnte, war damit aber, wie sich noch zeigen sollte, noch längst nicht verschwunden. Auch die Frage, wie die RUHR.2010 GmbH die ihr zugedachte Rolle als Realisierungsorganisation einer Kulturhauptstadt, die sich an einer pluralistischen Vorgehensweise orientiert, würde definieren und ausfüllen können, war damit selbstverständlich nicht geklärt.

Foto 3: Geschäftsführung und Künstlerisches Direktorium der RUHR.2010 GmbH vor der Sonne in der Ausstellung „Sternstunden" im Gasometer Oberhausen. (Foto: RUHR.2010/ Jan Pauly)

3.1.4 Implikationen der Modellentscheidung für die Realisierungsorganisation

Betrachtet man das Organigramm der RUHR.2010 GmbH, so fällt auf, dass sich die Gesellschaft eine recht komplexe Struktur gegeben hat, an deren Spitze kein allgewaltiger Intendant mit umfassender Entscheidungsmacht steht. Geführt wird die Organisation vielmehr von zwei Geschäftsführern, zu denen sich noch vier in ihrem jeweiligen Bereich inhaltlich unabhängig agierende künstlerische Direktoren mit den entsprechenden Organisationseinheiten (,künstlerische Teams') sowie ein Programmkoordinator gesellen (s. Abb. 3.1). Diese Komplexität verdankt sich wesentlich der pluralistisch orientierten Programmatik der Kulturhauptstadt RUHR.2010, galt es doch, neben der (Weiter-)Entwicklung eigener Projektideen die mehr als 2.200 eingereichten Projektvorschläge von Akteuren aus der Region zu prüfen, zu beraten und die (finanzielle) Realisierbarkeit der letztlich 300 ausgewählten Projekte zu sichern.

3.1 Modellvarianten einer Kulturhauptstadt und ihre Umsetzung

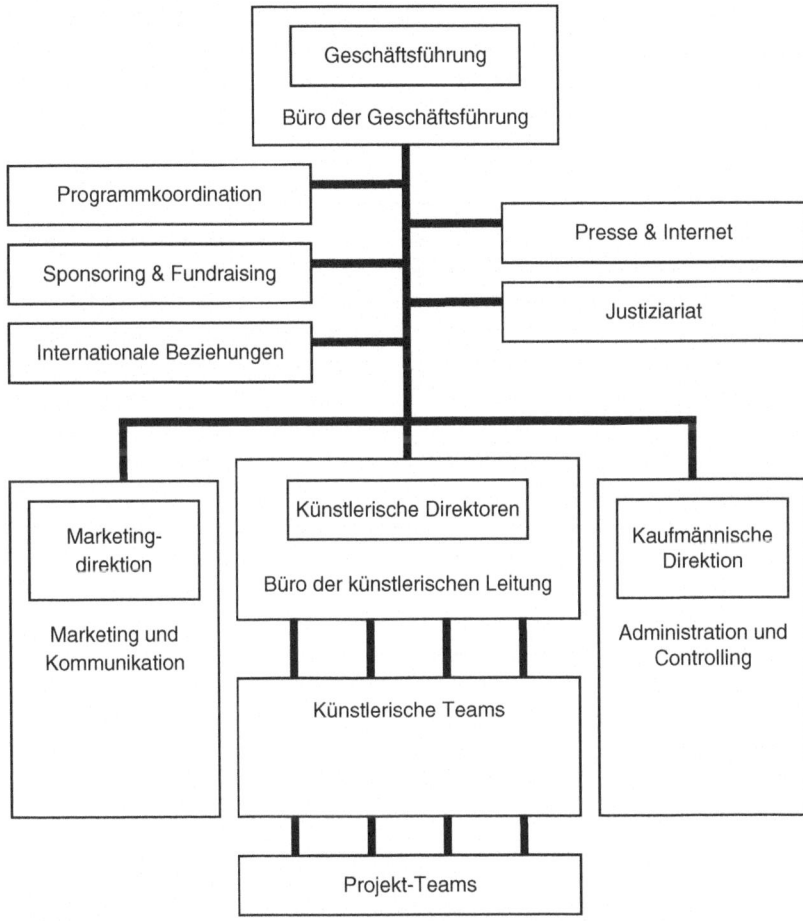

Abb. 3.1 Funktionales Organigramm der RUHR.2010 GmbH. (Darstellung in Anlehnung an das Mitarbeiterhandbuch der RUHR.2010 GmbH)

Zu den Herausforderungen an das Management einer Kulturhauptstadt – das bestrebt ist, alle Teile der Region, alle Gruppen, alle Kultursparten ‚mitzunehmen', sich dabei aber das ‚dramaturgische Heft' nicht aus der Hand nehmen zu lassen – zählt die Entwicklung einer Art ‚Meta-Erzählung', mit der es gelingt, die zahllosen Einzelprojekte und -ereignisse publikumswirksam zu bündeln und einen programmatischen Spannungsbogen zu gestalten. Dieses Unterfangen fällt freilich umso schwerer, je stärker man im Rahmen eines pluralistischen Kulturhauptstadt-

Modells auf der Egalität aller Beiträge besteht. Die daraus entstehenden Schwierigkeiten kann man anhand der diversen Programmbücher der Kulturhauptstadt RUHR.2010 studieren, die zwar die Vielfalt des Angebots dokumentieren, nach Ansicht vieler Beobachter aber den sprichwörtlichen roten Faden vermissen lassen. Innerhalb der RUHR.2010 GmbH ist man sich der hohen Bedeutung dieser Anforderung erst allmählich bewusst geworden. Im Zeitverlauf hat sich dann das Leitbild vom Ruhrgebiet als einer ‚Metropole im Werden' als das zu propagierende Markenzeichen durchgesetzt. Im Gegenzug hat dieser Begriff wiederum Kritiker auf den Plan gerufen, die hierin nichts als Größenwahn zu erkennen mein(t)en.

Für die Organisation einer Kulturhauptstadt ist freilich die Entwicklung und Darstellung des Programms und seiner Botschaft von kaum zu überschätzender Bedeutung bei der Bewältigung der aus der komplexen Konstellation von Akteuren eines Mega-Events erwachsenden multiplen Divergenzen. Die Programmatik und die daraus abgeleiteten Botschaften repräsentieren quasi den Ereigniskern, auf den hin die Aktivitäten der mannigfaltigen Akteure und Gruppen von Akteuren, die zum Zustandekommen eines Mega-Events beitragen, fokussiert sind. Damit sie diese Funktion erfüllen kann, muss die Programmatik bestimmte Eigenschaften aufweisen. Sie muss so viel interpretative Flexibilität aufweisen, dass sie sich an die Interessen und Sichtweisen der lokalen Akteure anpassen lässt. Sie muss aber gleichzeitig auch so robust sein, dass sie eine gemeinsame Identität über lokale Grenzen hinweg stiftet und als Basis einer gemeinsamen Arbeit dienen kann. In der Wissenschafts- und Technikforschung spricht man in diesem Zusammenhang von „boundary objects", die als „point of mediation and negotiation around intent" (Star und Griesemer 1989, S. 393) dienen. Programmatik und Botschaft einer Kulturhauptstadt kann in diesem Sinne als Grenzobjekt verstanden werden, an dem sich die diversen Akteure des Mega-Events orientieren.

3.2 Organisieren ohne Vergangenheit – Zu den Herausforderungen des Aufbaus einer Mega-Event-Organisation

Die Kontroverse um die programmatische Linie und die Führungsstruktur der RUHR.2010 GmbH wurde insbesondere im Jahr 2006 offen, zum Teil gar öffentlich, vor allem zwischen Akteuren der Region und dem Land ausgetragen, wobei neben den Kommunen und dem Regionalverband Ruhr auch der Moderator der Bewerbung und später die Geschäftsführung der RUHR.2010 GmbH als Verfechter eines pluralistischen Modells auftraten (vgl. Kap. 3.1). Die Mitarbeiter der RUHR.2010 GmbH – und zuvor des Bewerbungsbüros – waren an diesem Aus-

3.2 Organisieren ohne Vergangenheit

handlungsprozess in der Regel nicht direkt beteiligt, standen augenscheinlich aber (eher) der pluralistischen Herangehensweise nahe.

Dass die – regionalen – Aushandlungsprozesse lange Zeit zu keinem greifbaren Ergebnis geführt hatten, wirkte sich lähmend auf die Vorbereitungsarbeiten für die Kulturhauptstadt aus, da wichtige inhaltliche und personalpolitische Entscheidungen nicht verbindlich getroffen werden konnten. Bei den beteiligten Mitarbeitern machte sich aus diesem Grund Verdrossenheit breit, die sich erst verflüchtigte, als nach mehreren Monaten kontroverser Debatten im Winter 2006/2007 eine Führung nach dem Geschäftsführer-Direktoren-Modell an der Spitze der frisch gegründeten RUHR.2010 GmbH etabliert, die Führungspositionen besetzt und erste Schritte im Hinblick auf den formalen Organisationsaufbau (Organigramme und Stellenpläne) gemacht waren. Nun konnte damit begonnen werden, die hohe dreistellige Zahl von Projektvorschlägen der Kulturschaffenden und Kulturinstitutionen der Region, die sich in den Büros zwischenzeitlich aufgetürmt hatten, abzuarbeiten. Kistenweise waren außerdem Initiativbewerbungen für unterschiedlichste Bereiche der Organisation eingegangen, die beantwortet werden mussten. Und auch die mediale Öffentlichkeit erwartete Informationen über konkrete Konzepte und Projekte. Nicht zuletzt drängten die Städte auf Signale und Projektzusagen, um ihre eigenen Programme entwickeln und die Ungeduld in den kommunalen Kulturszenen besänftigen zu können. Nach Jahren der Bewerbung, der Konzeptentwicklung und der politischen Diskussionen sowie mit der vorherrschenden Euphorie, die der Gewinn des Titels in der Region ausgelöst hatte, schienen nun die Voraussetzungen dafür vorzuliegen, zusammen mit den Kommunen, den Kulturschaffenden, der Wirtschaft, Land, Bund und der Bevölkerung die Konkretisierung des Kulturhauptstadt-Jahres in Angriff zu nehmen.

Allerdings existierte die Organisation, die das Programm der Kulturhauptstadt entwickeln und umsetzen sollte – abgesehen von den sechs Mitgliedern des Bewerbungsbüros und einigen wenigen Mitarbeitern, die von der Stadt Essen oder vom Regionalverband in die RUHR.2010 GmbH wechselten – bisher lediglich auf dem Papier. Den Organisationsverantwortlichen war klar, dass die Verzahnung der organisatorischen Prozesse zukünftig nicht mehr auf der Basis einer Interaktion unter Anwesenden (vgl. Kieserling 1999), wie das während der Bewerbungsphase noch möglich gewesen war, zu gewährleisten sein würde. Anders als seinerzeit bei vielen Unternehmen der New Economy, die lange Zeit zögerten, sich trotz wachsender Komplexität von der ‚Face-to-Face-Organisation' zu trennen, weil diese eine hohe Identifikation der Mitarbeiter sicherte und die Möglichkeit des schnellen Zweckwechsels bot (vgl. Kühl 2002), war man in der RUHR.2010 GmbH frühzeitig bestrebt, den als notwendig erachteten Schritt zu einer stärkeren Formalisierung der Organisation zu vollziehen.

Mit Blick auf die organisatorische Entwicklung der RUHR.2010 GmbH und auf die *Arbeit* der Macher der Kulturhauptstadt stellt sich (zunächst) die Frage, welchen Voraussetzungen, Anforderungen und Problemen sich die Mitarbeiter der Mega-Event-Organisation gegenüber sahen. Diese Bedingungen wurden – insbesondere von Seiten der Geschäftsführung – zum Teil antizipiert und in den Organisationsaufbau am Reißbrett integriert (vgl. Achauer und Grandmontagne 2008). Die Geschäftsführung versuchte aber im Vollzug des Organisierens auch, mit Instrumenten der Personalentwicklung und der Organisationsführung zu operieren. Allerdings stellte sich in unseren Interviews und Beobachtungen heraus, dass insbesondere die Strukturierung der Organisationsaufgabe und die Herausbildung von Rollen und Handlungserwartungen im Wesentlichen von den Mitarbeitern selbst zu tragen waren. Damit stellt sich im Weiteren die Frage, wie die Beschäftigten der RUHR.2010 GmbH individuelle Handlungsfähigkeit in einer sich im Aufbau befindlichen Organisation entwickeln konnten, die zwar über einen Auftrag und Mitarbeiter verfügte, in ihren Abläufen aber lediglich auf dem Papier existierte, die kaum Zeit hatte, ‚zu sich selbst zu finden' und zudem vom Moment ihrer Gründung an unter intensiver öffentlicher Beobachtung stand und mit hohen Erwartungen konfrontiert war. Wie verlief unter diesen Bedingungen der organisationale Sozialisationsprozess der Mitarbeiter, und welche Formen der Handlungskoordination sollten sich als besonders wichtig erweisen?

3.2.1 Präludium

Es ist Montag, der 25. Juni 2007. Cornelia[2], 32jährige Kunsthistorikerin aus München, sitzt – nach ihrem kurzfristigen Umzug in eine fremde Stadt, noch etwas benommen von der Reizüberflutung des neuen Ortes, aber in euphorischer Laune – das erste Mal seit längerer Zeit in einem Büro an einem (ziemlich leeren) Schreibtisch. Sie hat soeben den nagelneuen Computer hochgefahren, Benutzername und Kennwort eingegeben und klickt sich ein wenig durch das Intranet ihres neuen Arbeitgebers. Sie darf sich jetzt ‚Projektmanagerin' nennen und an der Realisierung eines über die Stadt weit hinaus beachteten Projektes mitwirken: Der Kulturhauptstadt Europas RUHR.2010. Bereits während ihres sechsmonatigen Auslandsaufenthalts bei der UNESCO in Dar es Salaam, von dem sie erst letzte Woche zurückgekehrt ist, hatte sie regelmäßig das Internet nach Neuigkeiten aus dem

---

[2] ‚Cornelia' ist eine Konstruktion, die an in Interviews geäußerten Beschreibungen der Arbeit in der RUHR.2010 GmbH angelehnt ist und dem Leser einen Eindruck über die Sicht der Mitarbeiter der RUHR.2010 vermitteln soll.

3.2 Organisieren ohne Vergangenheit

Ruhrgebiet durchforstet. Dass es jetzt so schnell gehen würde mit der Einstellung, damit hatte sie nicht gerechnet.

Bei ihrer letzten regulären Tätigkeit in einer namhaften Kultureinrichtung in München hatte sie eine bereits eingeführte Kunstmesse organisieren müssen. Natürlich, auch das war eine organisatorische Herausforderung gewesen. Alles war in ihrem ersten Jahr neu für sie gewesen. Doch das Format war festgelegt und lediglich in Details gestaltbar gewesen. Nun aber darf sie an einem Projekt – gar einem Groß-Ereignis – mitwirken, auf das die Welt schauen wird und das es in dieser Form noch nie gegeben hat. Dass sie irgendwann in das ‚verdreckte' Ruhrgebiet mit seinen, wie sie immer wieder gehört hatte, heruntergekommenen Städten ziehen wird, hätte sie zwar nie geglaubt, aber es soll hier ja grüner sein, als man denkt. Sie freut sich jetzt auf die kreative Arbeit mit ihren jungen und (dem ersten Eindruck nach) motivierten Kollegen, auf die Kontakte mit den Künstlern und dann auch mit den Besuchern ihrer Projekte. Sie weiß zwar noch nicht genau, für welche Projekte sie zuständig sein wird. Doch eine Vorstellung von ihren nächsten Schritten hat sie schon: Sie will sich zunächst in ihre Projekte einlesen und hineindenken, die Akteure kennen lernen und den aktuellen Stand rekonstruieren. Dann wird es darum gehen, die Projekte gemeinsam mit den externen Partnern inhaltlich weiter zu entwickeln, Veranstaltungsorte und umsetzende Künstler zu finden und die Projektideen – im Rahmen des vorgegebenen Budgets – zu operationalisieren. In den nächsten Tagen will sie sich nach der ersten Projektsichtung dazu einen ersten groben Zeitplan aufstellen, um sich ihre Arbeit etwas zu strukturieren.

‚DMS' heißt der Ordnerstamm, den Cornelia, auf der Suche nach ersten Inspirationen und Hinweisen für ihre zukünftige Arbeit, öffnet. Das klingt wichtig: Ein Datenmanagementsystem. Sie klickt sich durch: Auf eine Flut von geschätzten 800 Ordnern und Unterordnern hat sie Zugriff, alle fein säuberlich kodiert und auch inhaltlich logisch sortiert: Geschäftsführung hat die Nummer 01, danach folgen Programmkoordination, Projekte, Marketing, Presse, Administration und so weiter. Als letztes, mit der Nummer 12, kommt der ‚Persönliche Arbeitsordner', darunter findet sie auch einen Unterordner mit ihrem eigenen Namen. Sie stöbert weiter, öffnet Dateien und sucht weiter nach Informationen zum aktuellen Stand der Projektvorbereitungen. Doch langsam wird sie stutzig: Die wenigen Dokumente, auf die sie in der Ordnerflut stößt, stammen entweder aus der Bewerbungsphase und scheinen veraltet, oder aber sie sind unvollständig: Ihre Erstellung wurde oftmals nach wenigen Eingaben abgebrochen. Ihr ‚künstlerischer Direktor' hatte ihr auch nur wenig Konkretes zu ihrer anstehenden Arbeit sagen können, lediglich von der ‚Projektentwicklung' gesprochen und sie für konkretere Fragen an die Mitarbeiter aus der Bewerbungsphase verwiesen. Doch auch von diesen hat sie bislang wenig zu ihrem Bereich erfahren. Wo soll sie anfangen? Wie wird ihre Arbeit aussehen? Sind ihre Erwartungen und Vorstellungen zu ihren Aufgaben realistisch? Was wird konkret von ihr erwartet und wer sind ihre Ansprechpartner?

3.2.2 Multiple Mehrdeutigkeiten: Organisationale Besonderheiten der RUHR.2010 GmbH

Die RUHR.2010 GmbH, dessen wurden sich alle Organisationsmitglieder zum Zeitpunkt ihrer Einstellung schnell bewusst, war eine Organisation, die sich in zahlreichen Aspekten von ihren bisher gemachten persönlichen Berufserfahrungen unterschied. Im Folgenden werden vier wichtige organisatorische Voraussetzungen bzw. Merkmale beschrieben, mit denen die Mega-Event-Macher der RUHR.2010 GmbH zu Beginn ihrer Arbeit konfrontiert waren.

Temporalität
Zur Bewältigung einmaliger, schlecht definierter und komplexer Aufgaben, darüber ist man sich in der einschlägigen organisationstheoretischen Literatur einig, werden oftmals temporäre Organisationen gegründet (vgl. z. B. Miles 1964; Goodman und Goodman 1976; Bechky 2006; oder Kramer 2009). Die Befristung führt laut Bakker und Janowicz-Panjaitan (2009, S. 133 ff.) dazu, dass sich die Organisation von ihrer Umwelt abkoppelt und sich ein stärkerer Gegenwartsbezug ausbildet, welcher wiederum die Fokussierung auf die zu bewältigende Aufgabe erhöht. Durch den stärkeren Gegenwartsbezug verringere sich zudem die Angst vor einem Scheitern und negativer Beurteilung durch andere und steigere daher den Mut für Experimente und innovative Lösungen. Durch die Entkopplung von externen Zeitrhythmen erfolge eine geringere Routinisierung der Tätigkeiten. Temporäre Organisationen seien daher geeigneter zur Entwicklung von kreativen Lösungen und innovativen Ergebnissen als auf Dauer gestellte Organisationen. Dass temporäre Systeme aber auch zu Dysfunktionen führen können, wurde bereits von Miles (vgl. 1964) festgestellt: Durch das Aufsaugen einer unrealistischen Menge an Stimuli leiden temporäre Organisationen tendenziell an einer Input-Überlastung. Mit der Euphorie zum Zeitpunkt der Organisationsgründung sei eine Tendenz zu übersteigerten und unrealistischen Zielen zu erklären. Temporäre Organisationen würden zudem ihr Personal in der Regel aus fachlichen Gründen auswählen, wodurch interpersonale Fähigkeiten außer Acht gelassen würden, worunter wiederum die Prozessfähigkeit leide. Durch die Isolation kämen eine Entfremdung zur Umwelt und eine mangelnde Anschlussfähigkeit an diese hinzu.

3.2 Organisieren ohne Vergangenheit

Ob die Motive der vier Gesellschafter der RUHR.2010 GmbH, zur Umsetzung der Kulturhauptstadt eine temporäre Organisation zu gründen, wirklich in der (vermeintlichen oder tatsächlichen) Innovationsträchtigkeit dieser Organisationsform zu suchen sind, oder ob diese Entscheidung eher der Tatsache geschuldet war, dass für diese Aufgabe schlichtweg keine geeignete (permanente) Organisation vorhanden war, muss hier nicht geklärt werden. Wichtiger ist, dass die zeitliche Befristung unweigerlich Auswirkungen auf das Zusammenwirken innerhalb der Organisation hatte. Von Anfang an stand fest, dass mit dem Ablauf des Kulturhauptstadtjahres auch das Ende der für die Planung und Durchführung des Programms zuständigen Organisation einhergehen würde.

Dies hatte unter anderem Auswirkungen auf die Rekrutierung von Personal. So ist davon auszugehen, dass aufgrund der eingeschränkten zeitlichen Perspektive für eine Reihe von qualifizierten potenziellen Mitarbeitern in festen Positionen eine Bewerbung für die Kulturhauptstadtorganisation wenig attraktiv war. Die Belegschaft setzte sich zu einem Großteil aus Berufsanfängern oder Mitarbeitern mit geringer beruflicher Vorerfahrung zusammen. Einer ihrer Trümpfe bestand in ihrer hohen Belastbarkeit und intrinsischen Motivation, die dabei halfen, die zum Teil extensiven Arbeitszeiten und häufig wechselnden Arbeitsanforderungen zu verkraften. Noch wichtiger als die hohe Belastbarkeit schien allerdings zu sein, dass sich junge Mitarbeiter durch ihre geringen Vorerfahrungen wesentlich besser von ihren – diffuser vorhandenen – Erwartungen distanzieren konnten als bereits berufserfahrene Mitarbeiter und sich daher flexibler an die speziellen Arbeitsanforderungen bei der RUHR.2010 GmbH anpassten. So konnten auch mögliche Enttäuschungen – wie etwa über zu wenig kreativ-konzeptionelle Arbeit in den künstlerischen Teams – besser abgemildert werden. Die ‚Juvenilisierung' der Organisation wurde zudem dadurch noch weiter beschleunigt, dass sich die Rekrutierung von jungem Personal als besonders zeit- und ressourcensparend herausstellte. Die Kulturhauptstadt-Organisation wurde insbesondere von Studierenden geistes- und gesellschaftswissenschaftlicher Disziplinen wegen des Renommees des Ereignisses als attraktive Praktikumsstelle angesehen. Solche Studierende stellten für die RUHR.2010 GmbH mithin relativ ‚günstiges' Personal dar. Aus diesem Pool einer im Laufe der Zeit deutlich dreistelligen Zahl von Praktikanten wurde ein erheblicher Teil des Personals ausgewählt und eingestellt, wovon wiederum die Praktikanten profitieren konnten.

Auch im vorliegenden Fall hat sich wieder einmal gezeigt, dass Organisationen, die ihr ursprüngliches Ziel erreicht haben, in der einen oder anderen Form eine Fortexistenz durch Zielverschiebung anstreben. So sollen beispielsweise ‚Kernaufgaben' der RUHR.2010 GmbH zukünftig bei der Kultur Ruhr GmbH, die bislang für die Veranstaltung der ‚Ruhrtriennale'[3] verantwortlich war, gebündelt werden. Gleichwohl war aber für den Großteil der Beschäftigten von vornherein klar, dass mit dem Abschluss des Kulturhauptstadtjahres ihr Arbeitsverhältnis bei der RUHR.2010 GmbH definitiv beendet sein würde. Die in ‚permanenten' Organisationen übliche Vorstellung des ‚Und-so-weiter' war hier allzeit vom Bewusstsein der ‚Sterblichkeit' der Organisation verdrängt (vgl. dazu auch Lundin und Söderholm 1995).

Die Mitarbeiter waren sich stets darüber im Klaren, dass die Zeit davoneile und dass der Zeitdruck unaufhörlich größer werden würde. Beispielsweise waren bereits im Jahr 2008 mehrere Mitarbeiter damit befasst, erste Planungen für die Eröffnungsfeier des Kulturhauptstadt-Jahres im Januar 2010 in die Wege zu leiten. Die ursprünglichen Pläne, die Kulturhauptstadt im Rahmen eines großen Festes im Gelsenkirchener Fußballstadion ‚Veltins-Arena' zu eröffnen, wurden nach ersten Kostenkalkulationen wegen mangelnder Sponsorenzusagen verworfen. Nach etlichen Überlegungen und Gesprächen – etwa mit dem ZDF bezüglich der Live-Übertragung im Fernsehen – wurde schließlich ein Regisseur beauftragt, einen ersten Entwurf für die Eröffnungsfeier auf dem Gelände der Kokerei Zollverein zu gestalten. Dieser wurde in einer Programmkonferenz im Februar 2009 mit den Direktoren und der Geschäftsführung diskutiert, wobei der Regisseur mit mehreren Änderungen beauftragt wurde. Einige Wochen später stellte der Regisseur einen zweiten Entwurf vor, der nun allerdings gänzlich zurückgewiesen wurde. Es folgten zahlreiche Gespräche, bei denen neue Ideen entstanden und wieder verworfen wurden. Personen wurden angesprochen und Sitzungen abgehalten. Immer hektischer wurden die Gespräche und immer stärker wurde auf die Zeit ‚geschielt'. Die absolute ‚Deadline' kam immer näher, schließlich mussten spätestens im Sommer 2009 die Vergabeverfahren etwa für den Bühnenaufbau angestoßen werden, um die Eröffnung im Januar 2010 überhaupt noch durchführen zu können. Im Mai 2009 – die Organisatoren befürchteten, dass das ZDF aus zeitlichen Gründen abspringen könnte – wurde dann die Idee einer Kooperation mit der Folkwang-Hochschule vorangetrieben, die letztendlich auch umgesetzt wurde. Die Zeit drängte massiv, die Vorbereitung des Eröffnungsfestes gelang schließlich erst ‚in letzter Sekunde'.

Ein- und Erstmaligkeit der Organisationsaufgabe
Auch wenn aus Sicht der einschlägig befassten Europa-Politiker die Kulturhauptstadt Europas RUHR.2010 nicht einzigartig war, da es sich beim Phänomen Kul-

---

[3] Die Ruhrtriennale ist ein jährlich stattfindenden Theater-, Tanz-, Opern- und Musikfestival, bei dem moderne Produktionen in den während der IBA Emscherpark umgebauten Stätten der Industriekultur aufgeführt werden.

3.2 Organisieren ohne Vergangenheit   41

Foto 4: Schlussbild der Show „Wir sind das Feuer" bei der Eröffnung der Kulturhauptstadt Europas RUHR.2010 auf dem Welterbe Zeche Zollverein beim Festakt 9.1.2010. (Foto: Manfred Vollmer)

turhauptstadt um eine Veranstaltung mit einer bereits mehr als zwanzigjährigen Tradition handelt, erschien aus Sicht der Protagonisten der RUHR.2010 GmbH und der sonstigen an der Umsetzung Beteiligten die Erfahrung von Einzigartigkeit als evident: Wenn auch nicht die Kulturhauptstadt an sich, so war doch die Organisation der Kulturhauptstadt Europas RUHR.2010 für sie zweifellos nicht nur ein ‚einmaliges' Vorhaben, sondern auch ein ‚erstmaliges', für dessen Durchführung sie nur bedingt auf vorgängige Handlungsroutinen zurückgreifen konnten.

Gerade neu gegründete Organisationen zeichnen sich häufig durch Unklarheiten und Mehrdeutigkeit aus. Dies trifft zunächst auf Ziele, Technologien, Ressourcen und Grenzen nach außen zu (vgl. Rao 2002). So sind etwa die Organisationsziele zwar in Gesellschaftsverträgen, Businessplänen und anderen Konzeptpapieren auf allgemeiner Ebene zum Teil formuliert. Sie bedürfen jedoch weiterer Konkretisierung und Operationalisierung. Dies lässt sich exemplarisch auch an den Zielen der RUHR.2010 GmbH zeigen, die in ihrem Gesellschaftsprofil wie folgt beschrieben werden: „Wesentliche Ziele der RUHR.2010 GmbH sind die Realisierung des Kulturhauptstadtprogramms einschließlich der damit verbundenen Marketing- und Tourismusaktivitäten, die Entwicklung von nachhaltig wirkenden Strukturen für die Kulturmetropole Ruhr und der effektive Einsatz der bereitgestellten, sowie weiterer zu akquirierender Finanzmittel."

Die Zielsetzung der Kulturhauptstadt ist hier sehr abstrakt und allgemein formuliert. Dass bei den Schritten „Programmentwicklung, Programmplanung und Programmproduktion (…) zahlreiche Akteurinnen und Akteure vor allem aus dem Ruhrgebiet" eingebunden werden sollen, ist nicht verwunderlich und dient kaum zur Konkretisierung der Ziele. Auch die weiteren Ausführungen zu den einzelnen ‚Aufträgen' an die Organisatoren bleiben vage. So heißt es im Gesellschaftsprofil etwa zur Aufgabe, weitere Finanzmittel zu akquirieren: „Die Gesellschaft wird alle Anstrengungen unternehmen, um das Basisbudget von 48 Mio. € durch Zuwendungen von Stiftungen, Spenden, Sponsorbeiträge, Erzielung von Erlösen in Form von Ticketverkäufen, Merchandising etc. zu ergänzen. Ziel ist, dadurch ein Ausbaubudget zu generieren."

Doch wie soll dieses Ziel erreicht werden? Welche Ressourcen sind hierzu notwendig? Wie, in welchem Rahmen und durch wen ist ein potenzieller Sponsor anzusprechen? Hat Sponsoring auf Projektebene Aussichten auf Erfolg oder eher ein Poolsponsoring für die gesamte Kulturhauptstadt? Wie hoch sind die Investitionen für Sponsoring im Gesamtbudget der Kulturhauptstadt anzusetzen, um die Akquise-Kosten nicht nur zu amortisieren, sondern tatsächlich zusätzliche Projektgelder zu gewinnen?

Für die in den verschiedenen Bereichen der RUHR.2010 GmbH tätigen Mitarbeiter war die Aufgabe, ein Kulturhauptstadtjahr zu gestalten, ein Novum. Auf vorgängiges Erfahrungswissen konnte dabei nur bedingt zurückgegriffen werden. Aus Sicht der Beschäftigten gewinnt in einer derartigen Situation die Frage an Bedeutung, ob ihnen bei der Bewältigung der anfallenden Anforderungen Raum zur Reflexion und Distanzierung von ihren Arbeitsaufgaben eingeräumt wird, um die aus den Problemstellungen resultierenden Handlungs- und Lernchancen nutzen zu können.

In allen Organisationseinheiten der RUHR.2010 GmbH mussten nahezu sämtliche Aufgaben konkretisiert und – wenigstens vorläufig – strukturiert werden. Es musste entschieden werden, nach welchen Kriterien Projekte ausgewählt werden, wie und durch wen mit Projektautoren[4] kommuniziert wird und wie stark und auf welcher Ebene in die Ausgestaltung und Umsetzung der Projekte eingegriffen wird. Es musste entschieden werden, welche Marketinginstrumente in welcher regionalen Ausdehnung, mit welchem Umfang und mit welchen Inhalten als zielführend

---

[4] Der Großteil der Projekte wurde aus einem Pool an Projektanträgen von Kulturschaffenden und Kulturinstitutionen der Region ausgewählt. Die Antragsteller dieser Projekte wurden von den Mitarbeitern der RUHR.2010 GmbH als ‚Projektautoren' bezeichnet (s. Kap. 3.3.2).

3.2 Organisieren ohne Vergangenheit

angesehen werden und wer bei der Umsetzung einbezogen wird. Diese und die anderen Einzelaufgaben als Teilbereiche des Gesamtauftrags – ,Kulturhauptstadt organisieren' – konkurrierten schließlich untereinander um finanzielle, personelle und zeitliche Ressourcen, über deren Verteilung zusätzlich gestritten und entschieden werden musste. Eine Vielzahl mehrdeutiger Fragen war beim Organisieren also in plausible Deutungen und Bearbeitungen zu überführen (vgl. Vogd 2009, S. 29).

Daher handelt es sich um Probleme, bei denen zwar unter Umständen einzelne Operatoren von Beginn an bekannt waren (etwa Pressemitteilungen verfassen zu müssen), die zum Ziel führende Kette von Operatoren dagegen nicht (Verknüpfung mit Pressekonferenz? Droht eine Übersättigung der Presse durch Informationsflut? Wer ist ggf. wie einzuladen und wie prominent ist das Podium zu besetzen?). Derartige Probleme lassen sich nur durch die Schaffung von (,subjektiv') Neuem überwinden, Lösungen müssen innovativ sein, sind nicht planbar und in ihren Auswirkungen riskant (vgl. Kalkowski und Mickler 2002, S. 120).

Solche Prozesse der Problemstrukturierung und Problemlösung lassen sich als Transformation (von einem unstrukturierten Ausgangsproblem zu einer Lösungs- und Umsetzungsstrategie bzw. zur konkreten Lösung und Umsetzung) bezeichnen. Transformation stellt einen Wandlungsprozess dar, der sich in seiner Intensität bzw. der von Akteuren wahrgenommenen Relevanz und dem von Akteuren wahrgenommenen Neuigkeitsgrad „von anderen Wandlungsprozessen unterscheidet, so dass bisheriges Erfahrungswissen nicht zur Problembewältigung ausreicht" (Willkens 2001, S. 150).

Plurale, postbürokratische und individualisierte Organisation
Die RUHR.2010 GmbH kann als eine plurale Organisation mit „postbürokratischen" (vgl. Reckwitz 2006, S. 509 ff.) Enklaven verstanden werden. Das heißt, auf der Ebene der ,betrieblichen' Organisation war zwar eine Orientierung am bürokratischen Modell funktionaler Differenzierung und hierarchischer Kontrolle zu beobachten.[5] Die Arbeitspraxis vieler Mitarbeiter zeichnete sich hingegen durch die Bündelung eines umfangreichen Tätigkeitskomplexes in eigener Regie und durch einen hohen Grad der Selbstorganisation ebenso wie der Selbstverantwortung bei der Arbeitsgestaltung ab. So verweist der Umstand, dass Arbeitsplatzbeschreibungen für gewöhnlich von den Mitarbeitern selbst erstellt wurden, nicht nur auf ein Kontrolldefizit der Organisationsspitze, sondern auch auf den hohen Autonomiegrad auf der operativen Organisationsebene hin. Dieser große Handlungs-

---

[5] Auch von außen wurde die RUHR.2010 GmbH als ausgesprochen bürokratisch wahrgenommen. Partner der Mega-Event-Macher beschwerten sich regelmäßig über aus ihrer Sicht zu hohe formale Vorgaben und bürokratische Hürden.

spielraum war für die Mitarbeiter jedoch höchst ambivalent. Zwar eröffnete ihnen diese Situation neuartige Erfahrungs- und Entscheidungsspielräume und Möglichkeiten der Verantwortungsübernahme. Schnell konnte dies allerdings auch zu einer Überforderung führen, wenn Entscheidungen unter Unsicherheit, Intransparenz und Zeitdruck zu treffen waren. Hinzu kam die durchgängig hohe Arbeitsbelastung. Viele ‚Projektmanager' in den so genannten ‚künstlerischen Teams' zeigten sich auch überrascht darüber, wie gering letztlich der Umfang der kreativen und konzeptionellen Bestandteile ihrer Arbeit war. Demgegenüber empfanden sie den Anteil an Administrations- und Routinearbeit als (zu) hoch. Ungeachtet dessen sahen viele Mitarbeiter den ‚eigentlichen' Kern ihrer Arbeit anhaltend im kreativkonzeptionellen Bereich.

In den einzelnen Arbeitsbereichen der RUHR.2010 GmbH entwickelten sich sehr unterschiedliche Strukturformen, die sich den Organisationsphilosophien der jeweiligen Führungsperson des Arbeitsbereichs verdankten, so dass die Organisation insgesamt durch ein erhebliches Maß an Pluralität gekennzeichnet war. Bereichen mit flachen Hierarchien und einem hohen Anteil informeller Kommunikations- und Handlungsmuster standen Bereiche mit einer vergleichsweise tiefen Hierarchie und einem entsprechend höheren Formalitätsgrad gegenüber. Bereits in der ‚Frühphase' der RUHR.2010 GmbH eingestellte Mitarbeiter konnten in diese Pluralität noch gut hineinwachsen, da die Strukturen zu diesem Zeitpunkt noch relativ schwach ausgeprägt bzw. übersichtlich waren. Ein Interviewpartner einer ‚Querschnittsabteilung' (der bereits im Jahr 2007 eingestellt worden war) schilderte, dass sich trotz des Versuchs, standardisierte Prozesse durchzusetzen, zu jedem der vier künstlerischen Teams gänzlich unterschiedliche Kommunikationsweisen eingespielt hätten. So hätte sich mit der Zeit herauskristallisiert, dass bestimmte Fristen zu den unterschiedlichen Teams völlig unterschiedlich kommuniziert wurden. Viele Mitarbeiter traten erst zu einem Zeitpunkt in die Organisation ein, lange nachdem eine gruppenförmige Form der Kommunikation zwischen allen Mitgliedern der Organisation möglich war. Für sie stellte die bis dahin entstandene Pluralität eine kaum zu bewältigende Komplexitätssteigerung dar.

Mit der Pluralität und dem postbürokratischen Charakter der Organisation korrespondierte das Fehlen einer gemeinsamen Interessenvertretung gegenüber der Geschäftsführung. Wichtige Gestaltungsdimensionen des jeweiligen Arbeitsverhältnisses, wie etwa der Aufgabenzuschnitt, waren zum Teil strukturell nicht vorgegeben, sondern wurden zwischen den Mitarbeitern ausgehandelt, so dass insgesamt betrachtet von einer Individualisierung der Arbeitssituation gesprochen werden kann. ‚Aufgefangen' wurde diese ‚Vereinzelung' durch den spezifischen sozialen Kooperationszusammenhang, in dem die Arbeit stattfand. Das bezog sich zum einen auf die unmittelbare Arbeitsumgebung im Rahmen der überschaubaren Organisationseinheiten, die noch einen direkten Kontakt zwischen den Akteuren

3.2 Organisieren ohne Vergangenheit

ermöglichte. Häufig zu beobachten war auch die Herausbildung stabiler Arbeits- und Interaktionsbeziehungen zwischen jeweils zwei Personen. Diese ‚Tandemstrukturen' trugen vor allem in Stresssituationen zur Stabilisierung der Organisation bei. Die einzelnen Mitarbeiter waren darüber hinaus aber auch eingebettet in eine Kreativitätsgemeinschaft auf Zeit (vgl. Reckwitz 2006), die auf der Prämisse basierte, gemeinsam an der prestigeträchtigen und affektiv aufgeladenen Artefaktkreation ‚Kulturhauptstadt' beteiligt, und die (zumindest) das Gefühl vermittelte, Mitglied eines ambitionierten Teams Gleichgesinnter zu sein.

Die individualisierte Stellung der Mitarbeiter wurde noch verstärkt durch ein häufig festzustellendes Merkmal temporärer Organisationen. Diese werden in der Regel zur Erfüllung einer bestimmten ‚Mission' gegründet, deren Beendigung den Auflösungsmechanismus der Organisation definiert (vgl. Janowicz-Panjaitan et al. 2009, S. 76 ff.). Die Mitarbeiter bekommen aber während der Bewältigung der ihnen gestellten Aufgaben bis zum – erfolgreichen oder eben erfolglosen – Abschluss wenig Rückmeldung zu der von ihnen geleisteten Arbeit. Im Fall der RUHR.2010 GmbH stellte sich für die Mitarbeiter deshalb eine Reihe von Fragen: Werden die Projekte des künstlerischen Bereichs in der Öffentlichkeit gut ankommen? Genügt die Marketingstrategie, um die Projekte und die Gesamtidee des Programms zu kommunizieren? Wird den Pressevertretern wegen der Fülle an Pressekonferenzen bei den für die Kulturhauptstadt-Macher zentralen Projekten womöglich ‚die Puste ausgehen'? Fühlen sich die Kulturschaffenden und Kulturinstitutionen ausreichend eingebunden? Fühlen sich alle Bevölkerungsgruppen der Region im Programm vertreten? Gelingt es, die jeweiligen Zielgruppen der Projekte mit den ausgearbeiteten Marketinginstrumenten auch wirklich anzusprechen? Viele dieser Fragen lassen sich verlässlich – wenn überhaupt – erst retrospektiv beantworten.

Die Strukturierung und Operationalisierung vieler Aufgaben erfolgte bei der RUHR.2010 GmbH zunächst ausschließlich intern und mit geringer oder gar widersprüchlicher, in der Regel dann fordernder Rückmeldung von außen. In mehreren Interviews mit Mitarbeitern der Organisation wurde ein Bedarf nach Rückmeldung auf ihre Arbeit deutlich. Ein Mitarbeiter, der ab dem Jahr 2010 die Archivierung aller Dokumente der Organisation übernahm, beschreibt, dass er bei seiner spät ansetzenden Arbeit einen Kompromiss zwischen den Anforderungen des Controllings und Rechnungswesens[6] auf der einen, und den Ansprüchen stadthistorischer Archive auf der anderen Seite finden musste. Dabei wusste er bis zum Ende seiner einschlägigen Tätigkeit nicht, von welcher Institution die Archivalien

---

[6] Die Führungspersonen der RUHR.2010 GmbH hatten stets großen Respekt vor Prüfungen durch den Rechnungshof und achteten daher – insbesondere auch vom Land gedrängt – auf saubere Bücher und ein akribisches Rechnungswesen.

überhaupt aufbewahrt werden würden. Ob sein System sinnvoll ist, wird sich womöglich erst mehrere Jahre nach Abschluss seiner Tätigkeit herausstellen. Die Verantwortung für diese Ungewissheit jedenfalls musste er – als erklärter organisationsinterner Experte für das Archiv – alleine tragen.

Unterformalisiertheit der Organisation und der fehlende ‚Schatten der Vergangenheit'

Die neu gegründete Organisation RUHR.2010 GmbH war zunächst nur schwach strukturiert und verfügte über nur wenig formalisierte Prozesse. Es existierten zwar Organigramme, Ablaufpläne und ein Datenbanksystem. Die Rollenerwartungen an die einzelnen Mitarbeiter – wie an ‚Cornelia' in unserem Beispiel – waren jedoch noch kaum oder bestenfalls rudimentär ausgebildet und konnten daher von den bereits länger beschäftigten Mitarbeitern nicht ohne weiteres an neue Mitarbeiter (explizit oder implizit) kommuniziert werden.[7] Dies lag zum einen daran, dass die zu lösenden Probleme oftmals noch unbekannt oder unklar waren, der Weg zu Problemlösungen noch nicht feststand und somit auch die konkreten Erwartungen an die Mitarbeiter nicht expliziert waren (zumindest nicht in eindeutig operationalisierter Form). Zum anderen bestand keine vorgängige ‚Organisation'. In dieser neuen Konstellation konnten die Akteure nicht auf eine gemeinsame Handlungsvergangenheit zurückgreifen und folglich auch noch keine Rollengeflechte, Normen und Werte erhandelt haben. Der Grad der Institutionalisierung war gering – und somit auch das Ausmaß entsprechender Handlungsorientierung für die Mitarbeiter. Und auch Segmente im Weickschen Sinne (vgl. 2001, S. 38 ff.), also die kleinen, relativ flexiblen und die Gesamtkonfiguration stabilisierenden Subeinheiten einer Organisation, hatten sich erst vereinzelt heraus gebildet.

Das Fehlen erprobter Handlungsmodelle, explizierter und impliziter gegenseitiger Handlungserwartungen und eingespielter Rollenerwartungen führte bei den (allesamt mehr oder minder neuen) Mitarbeitern der RUHR.2010 GmbH zu zusätzlicher Unsicherheit. Zwar ist die Einschätzung von Goodman und Goodman (vgl. 1976, S. 494) nachvollziehbar, dass zu rigide Rollenfestlegung professionelles Wachstum und Innovationen in den von ihnen so bezeichneten ‚alten temporären Organisationen' (im Sinne von traditionellen und oft erprobten Konstellationen wie der Produktion von Theaterstücken und der Durchführung von Bauprojekten) hemmen können. Umgekehrt kann aber fehlende Strukturierung dazu führen, dass Konflikte auf emotionaler statt auf fachlicher Ebene ausgetragen werden, Mit-

---

[7] Als symptomatisch für diese Situation kann das Versenden eines Personalfragebogens im Januar 2008 der Geschäftsführung an die Mitarbeiter gelten. Der Fragebogen beinhaltete Fragen zu Aufgaben, Zeitaufwand und Schnittstellen zu anderen Organisationsbereichen. Er diente dazu, der Geschäftsführung einen Überblick über die einzelnen Bereiche der Organisation und deren Tätigkeitsschwerpunkte zu verschaffen.

3.2 Organisieren ohne Vergangenheit

arbeiter keine selbstständigen Entscheidungen zu treffen wagen und ein geregelter Organisationsablauf unmöglich ist (vgl. Kühl 2002, S. 200 f.). Regeln, Routinen und Rollen sind hilfreich, um nicht bei jeder Handlung erneut sämtliche Folgen des Handelns abschätzen und die Auswirkungen auf andere abwägen zu müssen sowie um Handeln und Reaktionen anderer wenigstens halbwegs zuverlässig erwarten, einschätzen und interpretieren zu können. Dies ist der Unterschied zwischen der RUHR.2010 GmbH und den ‚alten temporären Organisationen', bei denen die beteiligten Personen auf relativ festgelegte und tradierte Berufsbilder zurückgreifen können, die ihnen Handlungsorientierung bieten. Das Fehlen der Handlungsorientierung wird auch am Beispiel von ‚Cornelia' deutlich: Ihre Rolle in der Organisation war ihr anfangs gänzlich unklar. Sie verfügte zwar über individuelle Erfahrungen und versuchte, daraus eine Handlungsstrategie abzuleiten. Sie war dabei ständig auf der Suche nach Hinweisen für ihre einzunehmende Position bzw. ihre zu spielende Rolle und interpretierte die Begegnungen mit Vorgesetzten und Kollegen ständig unter diesem Gesichtspunkt. Jedoch konnte sie selbst nicht einschätzen, ob ihre sich daraus ergebenden Erwartungen und Vorstellungen realistisch waren. Es ist folglich nicht plausibel, dass die Sozialisation neuer Mitarbeiter in temporären Organisationen (grundsätzlich) effektiver ist als in permanenten Organisationen, wie zum Beispiel Miles (vgl. 1964, S. 465 ff.) annimmt, sondern dass sie im Gegenteil eine besondere Herausforderung für alle Beteiligten darstellt.

Die Mitarbeiter der RUHR.2010 GmbH standen also nicht nur vor der Frage, wie die ihnen auferlegte Arbeitsaufgabe (eine Kulturhauptstadt mit all ihren Teilaufgaben zu organisieren) sinnvoll oder zielführend zu strukturieren und anzugehen war, um sie einer Lösung zuzuführen und damit die Transformationsprozesse erfolgreich zu bewältigen. Hinzu kam, dass ihre eigene Arbeitsrolle sowie die jeweiligen Rollen der anderen in diesem Prozess unklar waren. Zwar verfügte jeder einzelne über bestimmte Erwartungen und Vorstellungen, die meist auf individuellen Vorerfahrungen basierten. Diese waren allerdings nicht aufeinander bezogen. Die einzelnen Mitarbeiter hatten typischerweise noch nicht einmal Kenntnis der Erwartungen der anderen.

Dieser Zustand der Unterformalisiertheit war bis zum Ende der Kulturhauptstadt ein wichtiges Merkmal der RUHR.2010 GmbH. Zwar konnte – und musste – sich das Unternehmen von einer ‚Face-to-Face-Organisation' (vgl. Kühl 2002) lösen, in der Entscheidungen in einem alle Mitglieder einschließenden Interaktionsprozess gefällt werden und die daher eine Größe haben muss, die gruppenförmige Interaktion noch zulässt. Allerdings konnte die RUHR.2010 GmbH durch einen ständigen personellen Wachstums- und Wandlungsprozess und die chronisch knappe Zeit auch nie den Zustand einer ‚formal ausdifferenzierten Organisation' erreichen, in der Entscheidungen durch Entscheidungsprämissen wie Hierarchie, Programmen und Personalstrukturen vorstrukturiert werden.

Die RUHR.2010 GmbH hatte also eine inhaltlich wenig strukturierte – da für sie erstmalige – Aufgabe unter hohem Zeitdruck zu realisieren. Die überwiegend jungen und wenig berufserfahrenen Mitarbeiterinnen und Mitarbeiter erhielten bei der Bewältigung der multiplen Kontingenz wenig strukturierende Vorgaben und Rückmeldungen und konnten auf keine Handlungsvergangenheit aufbauen. Es stellt sich also die Frage, wie es gelingen konnte, in einer ‚unterorganisierten' Organisation (vgl. Weick 2001) ohne ‚Schatten der Vergangenheit' – also ohne Handlungserfahrungen, auf die in einer neuen Situation handlungsleitend zurückgegriffen werden kann – die Handlungsfähigkeit der einzelnen Mitarbeiter und der Organisation als Ganzer zu sichern. Welchen Beitrag dazu leisteten die Mitarbeiter? Wie entstanden Arbeitsrollen und Arbeitsteilung in einer neuen, komplexen Konfiguration, in der die Mitarbeiter zunächst intensiv nach Orientierungspunkten für ihre Arbeit suchen mussten?

3.2.3 Intermezzo

Cornelia sitzt an ihrem völlig chaotischen Schreibtisch. Ihre Ablage ist kaum noch erkennbar, da sie von zwei Papierstapeln umgeben ist. Doch sie ist froh: Für zwei der drei großen Stapel Projektanträge, die ihr in den letzten sechs Wochen den Weg aus ihrem Büro nahezu versperrt hatten, hat ihre neue Praktikantin endlich die Absagen eingetütet und die Ordner in die Schränke sortiert. Das war ein langer Prozess gewesen: Von Beginn an hatten regelmäßig Projektautoren angerufen, um zu hören, wie weit denn der Entscheidungsfindungsprozess nun fortgeschritten sei, und anzumahnen, dass sie doch so langsam Planungssicherheit bräuchten. Cornelia hatte die Kulturschaffenden meistens nur auf später vertrösten können: Man sei kurz vor einer Entscheidung und würde sich dann umgehend melden. Ein gutes Jahr arbeitet sie jetzt als Projektmanagerin bei der RUHR.2010 GmbH. Vertrösten ist mittlerweile zur Routine geworden. Und dabei wird es, wenn sie sich den Stapel vor ihrer Ablage so anschaut, wohl auch noch eine ganze Weile bleiben.

Eigentlich wollte sie die Stunde zwischen zwei Sitzungen nutzen, um endlich ihre ‚To-Do-Liste' abzuarbeiten: Sie wollte mit Projektpartnern zweier derzeit sich als etwas schwierig erweisender Projekte Termine zur weiteren Projektentwicklung abmachen sowie für ein weiteres Projekt den Vertrag aufsetzen. Es ärgert sie sowieso, dass sie das machen muss, obwohl die RUHR.2010 GmbH doch eigentlich eine Rechtsabteilung hat. Doch die prüft die Verträge nur und lässt sie unterzeichnen. Zudem müsste sie unbedingt ihren ‚illegal' angelegten Arbeitsordner auf der Fest-

3.2 Organisieren ohne Vergangenheit

platte ihres Computers auflösen und die Dateien wie vorgesehen in das Datenmanagementsystem einpflegen, bevor sie womöglich Ärger bekommt. Das schiebt sie schon seit einem dreiviertel Jahr vor sich her. Doch sie scheint eh die einzige im Team zu sein, die sich dazu ernsthaft Gedanken macht.

Vorhin hatte Cornelia gerade die Vertragsvorlage geöffnet, als die Assistentin der Geschäftsführung eine Rundmail an alle Teams geschickt hat – natürlich als ‚wichtig' markiert. Die Geschäftsführung brauche unbedingt für eine morgen beginnende Dienstreise eine aktualisierte Liste aller geplanten Projekte mit Beteiligung türkischer Künstler und Kulturschaffender. Also hat Cornelia getrost die Vertragsvorlage wieder geschlossen und durchforstet seitdem ihre Projekte.

Der Einstieg in die RUHR.2010 GmbH war Cornelia schwerer gefallen, als erwartet. Ihr hatte zu Beginn zunächst völlig die Orientierung gefehlt. Was war zu tun? Was wurde von ihr erwartet, welche Rolle sollte sie einnehmen? Allerdings war es nicht nur ihr so gegangen. Da nur so wenige Vorgaben vorhanden waren, hat man sich in ihrem Team gemeinsam überlegt: Was machen wir jetzt eigentlich? Wie füllen wir unsere Grundthemen mit Inhalt und welche Schwerpunkte setzen wir? Innerhalb des Teams haben sie dann die Verantwortlichkeiten für bestimmte Themen und Projekte aufgeteilt. Das war eigentlich sehr gut, aber wegen der hohen Arbeitsbelastung hat sich diese Trennung immer wieder aufgelöst. Man musste sich eben immer sehr gut untereinander abstimmen. Da war es trotz des ständigen Platzmangels hilfreich, dass das Team Tür an Tür untergebracht war und die Wege zu den Kollegen entsprechend kurz waren.

Ihre Vorerfahrungen hatten Cornelia auf der einen Seite ein wenig helfen können, ihre Aufgaben zumindest irgendwie anzugehen. Allerdings hatte sie auch viel umlernen müssen, denn Vieles läuft hier anders, als sie es kannte und erwartet hatte. Und sobald sie den Eindruck gehabt hatte, endlich ein wenig den Durchblick zu haben, war oftmals wieder alles umgestellt, waren neue Mitarbeiter eingestellt, Vorgaben verändert oder Aufgaben noch einmal umverteilt worden. Die Prozess-Skizzen und Organigramme hatten nur wenig geholfen und waren meist längst veraltet gewesen. Zudem hatten die ganzen Sitzungen viel Zeit in Anspruch genommen. Heute noch hat sie den Eindruck, dass ständig Dinge vorgestellt, besprochen, diskutiert und beschlossen werden, dass allerdings kaum Zeit für die Nachbereitung aller Gremien sowie für die ‚eigentliche' Arbeit der Projektentwicklung bleibt – etwa die künstlerischen Konzepte weiter zu entwickeln, Projektbeschreibungen zu verfassen oder sich Gedanken zum Budget der Einzelprojekte zu machen. Selbstverständlich sind die Sitzungen wichtig, auch für sie persönlich: Nicht nur, um die Kollegen besser kennen zu lernen, sondern auch, um auf dem gleichen Informationsstand zu sein und um eine Rückmeldung zur eigenen Arbeit zu bekommen. Doch die Zeit fehlt dann oft an anderer Stelle. Und der Mangel an Rückmeldungen bereitet Cornelia eben auch immer wieder Kopfzerbrechen. Ist das, was sie jeden Tag macht, überhaupt richtig? Müsste sie ihre Projekte ganz anders organisieren? Ist sie mit ihren Projekten überhaupt auf dem richtigen Weg? Doch sie weiß, dass selbst die Geschäftsführung auf diese Fragen oft keine Antwort weiß. Wie sonst auch, gelingt es ihr schnell, diese Fragen wieder zu verdrängen: Der nächste Termin steht an. Sie muss los.

3.2.4 Maßnahmen zur Entwicklung organisatorischer Handlungsfähigkeit

Der anhaltende immense Zeitdruck der Organisation sowie die Notwendigkeit einer Formalisierung bei der Bewältigung der erstmaligen Aufgabe waren den Verantwortlichen der RUHR.2010 GmbH – insbesondere den Geschäftsführern – durchaus bewusst, auch wenn weder das Ausmaß, noch die Geschwindigkeit des Organisationswachstums zu Beginn so vorgesehen gewesen war. Die Geschäftsführung versuchte sich (mit Unterstützung von Organisationsberatern) auf die anstehende Aufgabe vorzubereiten, und im Vollzug auf die Bedingungen des Organisierens zu reagieren. So wurden auf verschiedenen Handlungsfeldern Maßnahmen ergriffen, die als explizite und bewusste ‚Antworten' auf diese Komplexitätssteigerung interpretiert werden können.

Formalisierung

Im Rahmen eines Sponsoringvertrages stand der RUHR.2010 GmbH ein Satz von 100 Organisationsberatertagen pro Jahr zur Verfügung, die insbesondere unmittelbar nach der Organisationsgründung intensiv für Fragen des Organisationsaufbaus genutzt wurden. Die Berater erarbeiteten Organigramme, formulierten Rollenbeschreibungen, erstellten Prozess-Skizzen entwickelten das Datenmanagement-System und die Projektdatenbank. Arbeitsabläufe wurden entworfen und Arbeitsplätze definiert, die – so die Vorstellung der Akteure – mit passenden Bewerbern besetzt werden konnten, die dann die im Voraus geplanten Abläufe mit Leben füllen würden. Diese Hoffnung sollte sich jedoch schnell als unrealistisch erweisen. Die von den Beratern und der Organisationsleitung entwickelten Strukturierungsangebote wurden von vielen Mitarbeitern als wenig hilfreich eingeschätzt. Dies kann freilich nicht als prinzipielle Ablehnung von Formalisierungsmaßnahmen verstanden werden, da viele Mitarbeiter der RUHR.2010 GmbH dezidiert den Wunsch nach Orientierung, nach verantwortlichen Ansprechpartnern, verbindlichen Entscheidungen und klaren Kommunikationswegen äußerten. Allerdings wurden die Konzepte und Prozess-Skizzen der Organisationsberater als zu abstrakt und nicht in tatsächliches Handeln umsetzbar bezeichnet. Diese Skepsis gegenüber einer

3.2 Organisieren ohne Vergangenheit

Foto 5: Teamsitzung der RUHR.2010 GmbH. (Foto: Jürgen Huhn/TU Dortmund)

‚Formalisierung von oben' deutet bereits auf die am Ende dieses Kapitels betonte Bedeutung von Handeln hin.

Als Teil dieses Formalisierungsmechanismus wurden unter anderem organisationsinterne Gremien etabliert. In meist wöchentlichen Abständen wurden auf verschiedenen Ebenen diverse Gesprächsrunden mit Mitarbeitern verschiedener Funktionsbereiche der RUHR.2010 GmbH durchgeführt, um eine abgestimmte Handlungsweise zu ermöglichen. Die Geschäftsführung und weite Teile des Teams hatten regelmäßig stattfindende Jour-Fixe und nahezu täglich interne Besprechungen. Allerdings wurden diese Treffen von der Geschäftsführung nicht nur dafür genutzt, Entscheidungen und Richtlinien für die Arbeit der Organisation zu kommunizieren. Sie dienten auch als Podium dazu, sich selbst zu vergewissern, dass sich die Organisation bei ihrem Tun ‚auf dem richtigen Weg' befand. Diesem Zweck diente vor allem die unermüdliche Verkündung von quantitativen Erfolgsmeldungen, die sich bevorzugt auf das Echo in den Medien, geschlossene Marketingpartnerschaften, Sponsorenakquisen und das Feedback bei externen Präsentationen (z. B. bei Tourismusmessen oder bei Sponsoren) bezogen. Allerdings haben an den Vollversammlungen der Belegschaft, den sogenannten Teamsitzungen, einzelne Organisationsbereiche nach einiger Zeit nicht mehr regelmäßig und vollständig teilgenommen.

Personalpolitik

Die Leitung der RUHR.2010 GmbH hat versucht, die Handlungsfähigkeit der Organisation durch Personalauswahlprozesse zu sichern, bei denen bevorzugt Mitarbeiter berücksichtigt wurden, denen aufgrund ihres Erfahrungswissens ein produktiver Umgang mit den Anforderungen an eine Kulturhauptstadt zuzutrauen war. Als Pressesprecher etwa wurde ein erfahrener Journalist ausgewählt – mit der Erwartung, dass dieser sich am ehesten in die Rolle seiner (ehemaligen) Kollegen würde hineinversetzen und die Pressearbeit an deren Bedürfnissen und Arbeitsweisen würde ausrichten können. Solche mit großer Sorgfalt durchgeführten Auswahlverfahren stellten sich allerdings als äußerst zeitintensiv und manchmal auch als nicht sehr zuverlässig heraus. Die Organisatoren befanden sich daher in einem Dilemma: Ihnen lief die Zeit davon, weshalb sie sich solche Verfahren kaum leisten konnten, waren auf der anderen Seite aber auf geeignetes (Führungs-)Personal und zuverlässige Auswahlverfahren angewiesen.

Eine andere personalpolitische Strategie bestand darin, eventerfahrene Mitarbeiter zu rekrutieren. So wechselten Anfang des Jahres 2010 zwei Mitarbeiterinnen aus der Kulturhauptstadt des Jahres 2009 (Linz) nach Essen, um ihre Erfahrungen aus Oberösterreich bei der RUHR.2010 GmbH einbringen zu können. Bei der Personalrekrutierung (vgl. Betz 2011) wurde auch in anderen Fällen versucht, Personal mit Arbeitserfahrungen in anschlussfähigen Kontexten einzustellen – etwa aus den Ruhr-Kommunen, aus regionalen Kulturinstitutionen oder von der IBA Emscherpark. Ein Großteil der Belegschaft bestand jedoch aus den bereits beschriebenen Gründen (vgl. Kap. 3.2.2) aus Berufsanfängern und einer großen Zahl von Praktikanten, die sich das für ihre Arbeit nötige Erfahrungswissen erst noch erwerben mussten.

Die Motivation der (nach eigenem Dafürhalten ständig ‚am Limit' arbeitenden) Mitarbeiter zählte zu den wichtigen personalbezogenen Aufgaben der Geschäftsführung. Bei fast allen öffentlichen Auftritten der RUHR.2010 GmbH wurde dementsprechend das hohe Lied auf die Mitarbeiter angestimmt. Umso erstaunlicher war deshalb die Kritik einer Mitarbeiterin, die die fehlende soziale Anerkennung seitens der Organisationsleitung monierte: Viele von Überstunden geprägte Monate habe sie mit ihren Kollegen an den Projekten gearbeitet. Im Herbst 2009 sei dann endlich das fertige Programmbuch ‚Buch Zwei', in dem „so viel Herzblut von allen" steckte, der Öffentlichkeit vorgestellt worden. Doch, so schildert sie ihre Erinnerung, die Geschäftsführung habe es nicht für notwendig erachtet, das Team offiziell zur Pressekonferenz einzuladen und damit gebührend zu würdigen.

Erfahrungsaustausch

Orientierung für die Bewältigung ihrer Arbeitsaufgaben suchten die Akteure der RUHR.2010 GmbH bei anderen Kulturhauptstädten, wovon zahlreiche Dienst-

3.2 Organisieren ohne Vergangenheit

reisen zum Teil ganzer Abteilungen insbesondere in die Kulturhauptstädte Liverpool (2008) und Linz (2009) zeugen.[8] An den Erfahrungen der Kulturhauptstadt ‚Linz09' war etwa die – später wieder abgewandelte – Programmbuch-Dramaturgie der RUHR.2010 GmbH ausgerichtet. Neben Hinweisen für die zu treffenden programmatischen Entscheidungen erhofften sich die Akteure auch konkrete Anhaltspunkte für die Bewältigung des Arbeitsalltags in ihrer jeweiligen Position in der Organisation durch den direkten Austausch mit ihren internationalen Kollegen.

Eine weitere Möglichkeit zum Erfahrungsaustausch bot das regelmäßig stattfindende ‚ECOC-Meeting'[9], bei dem sich jeweils die aktuellen Kulturhauptstadt-Jahrgänge informell über Fragen der Organisation, Koordination, Finanzierung, Evaluation sowie der Abstimmung mit der EU-Kommission austauschen konnten. Zu den ‚ECOC-Meetings' wurden aber bald nur noch Mitarbeiter der internationalen Abteilung geschickt, da die Übertragbarkeit der dort diskutierten Konzepte auf die eigenen organisatorischen Herausforderungen nur bedingt möglich schien.

Diese Maßnahmen waren wichtiger Bestandteil des Formalisierungs- und Strukturierungsprozesses der RUHR.2010 GmbH. Sie konnten allerdings lediglich unterstützend wirken. Der Geschäftsführung gelang es, trotz zahlreicher Gremiensitzungen z. B. nicht, die Organisation in Ansätzen zu harmonisieren. Und auch die Skepsis gegenüber den Bemühungen der Organisationsberater deutet darauf hin, dass die eigentliche Strukturierungsarbeit, die wir im Folgenden als ‚situatives Erhandeln von Arbeitsteilung und Arbeitsrollen' bezeichnen werden, bei den Mitarbeitern selbst lag und von diesen bewältigt werden musste.

3.2.5 Situatives Erhandeln von Arbeitsteilung und Arbeitsrollen

Menschen müssen ‚die Welt' ständig interpretieren. Das heißt, sie stehen zwangsläufig, grundsätzlich und andauernd vor der Frage: Was geht hier eigentlich vor sich? (vgl. Goffman 1977, S. 16). Menschen werden in allen sozialen Kontexten mit Mehrdeutigkeiten konfrontiert – so auch beim Handeln in einer Organisation. Dabei geht es unter anderem auch um die Deutung der Aufgaben, die mit der Arbeit in der Organisation bewältigt werden sollen. Die entsprechenden Fragen lauten

---

[8] Auch die RUHR.2010 GmbH wurde regelmäßig von Delegationen zukünftiger Kulturhauptstädten (und Kulturhauptstadt-Bewerbern) besucht, etwa aus den Kulturhauptstädten des Jahres 2013, Marseille und Košice, sowie von der niederländischen Bewerberstadt für das Jahr 2018, Maastricht.

[9] ECOC ist die englische Abkürzung für ‚European Capital of Culture'.

dann beispielsweise: Was habe ich hier zu tun? Wie soll ich das tun? Wozu arbeite ich hier? Was will die Organisation und was wollen welche Kollegen von mir? Organisationsmitglieder deuten unter diesen Umständen ständig von neuem die jeweilige Situation sowie das Handeln der sie umgebenden Menschen. Sie handeln gemäß dieser Deutungen und entwickeln auf diese Weise die Organisation. Dies bedeutet allerdings nicht, dass wir die Freiheit haben, beim Arbeiten eine beliebige Organisation zu entwickeln. Es ist vielmehr eher so, „dass wir arbeitend mit einem gegebenen Kontext von Interaktionspartnern, dinglichen Konstellationen und in unterschiedlicher Weise repräsentierten Organisationsregeln und -plänen umgehen und umgehen müssen. Weil dieser Kontext aus (wie es Giddens nennen würde) Regeln und Ressourcen jedoch keine hinreichende Handlungsanleitung für unser Arbeitshandeln darstellt und darstellen kann, sind wir kontinuierlich genötigt, dieses Ausgangsmaterial für unser Handeln situativ zu (re-)interpretieren und damit nicht nur die Situation zu definieren und zu bewältigen, sondern auch (sukzessive und meist implizit) die Organisationsregeln zu modifizieren" (Strübing 2005, S. 208 f.).

Die Situation vieler Mitarbeiter der RUHR.2010 GmbH war dadurch geprägt, dass das organisatorische Ausgangsmaterial ihres Handelns vergleichsweise große Spielräume gelassen hat (vgl. Kap. 3.2.2). Das wurde von den Betroffenen nicht nur als Vorteil, sondern durchaus auch als Nachteil angesehen. Die sich häufig stellende Notwendigkeit der „tätigen Ausgestaltung von Handlungsspielräumen" (Soeffner 1991, S. 12) wurde oftmals geradezu als Last empfunden. Dieses Empfinden war auch Ausdruck des Umstands, dass sich in der neu gegründeten RUHR.2010 GmbH noch keine Sinnkonfigurationen entwickelt hatten, die durch gegenseitige, kommunikativ vermittelte Handlungserwartungen der Organisationsmitglieder interaktiv hätten entstehen und die handlungsorientierend für die Mitarbeiter hätten wirken können. Die Bedeutung von übereinstimmenden Interpretationen und Orientierungen als Voraussetzung für gemeinsames Handeln in Organisationen ist in der Literatur nicht unumstritten. Bestimmte sozial-konstruktivistische Ansätze gehen davon aus, dass eine derartige Übereinstimmung notwendig ist (vgl. Kieser 1999, S. 303). Vertreter einer rekonstruktiven Organisationsforschung insistieren hingegen darauf, dass man in den allermeisten Fällen nicht von einer gemeinsamen Orientierung der miteinander verschränkten Akteure ausgehen kann. Obwohl sich „Inseln geteilter Orientierungen herausbilden, etwa in dem Sinne, dass Vertreter bestimmter Professionen ein gemeinsames Berufsethos pflegen und spezifische berufliche Milieus ausbilden, herrscht mit Blick auf die gesamte Organisation in der Regel hohe Diversität" (Vogd 2009, S. 27).

Mehrdeutigkeit und hohe Diversität waren denn auch die bestimmenden Eigenschaften der Organisationsrealität der RUHR.2010 GmbH, durch welche die Wahr-

3.2 Organisieren ohne Vergangenheit

nehmung der neu eingestellten Mitarbeiter von Beginn an geprägt wurde. Gleichwohl mussten sie die ihnen zugewiesenen Aufgabenstellungen zügig angehen, auch wenn diese häufig sehr diffus formuliert sein mochten. Das Wichtigste, auf das die neuen Mitarbeiter dabei zunächst zurückgreifen konnten, waren ihre individuellen Erfahrungen aus früheren Tätigkeiten in anderen Kontexten. Die Vorstellungen und Erwartungen der zusammenarbeitenden Organisationsmitglieder bezüglich ihrer neuen Tätigkeiten waren allerdings in der Regel nicht aufeinander bezogen oder miteinander abgestimmt, was das kollektive Arbeiten erschwerte. Damit ist nicht gemeint, dass in einer bereits etablierten Organisation die Vorstellungen und Erwartungen der Mitarbeiter notwendigerweise aneinander angeglichen wären. Allerdings verfügen die Mitarbeiter dort zumindest über in der Vergangenheit ausgebildete und bewährte Erwartungen an die Handlungen der Kollegen. Sie verfügen je über ein Bild ihrer sozialen Umgebung, das sie in ihre persönlichen Interpretationsmuster integriert haben und dass ihnen mehr oder weniger stabile Beziehungen zu ihren Kollegen ermöglicht. Ist die daraus resultierende und geteilte, relativ stabile Fiktion eines Handlungskonsenses allerdings nicht gegeben, erhöht sich die Zahl unklarer, von Missverständnissen und Brüchen in der Kommunikation zwischen den Mitarbeitern geprägter Situationen.

Zwar verfügten die Organisationsmitglieder der RUHR.2010 GmbH über ‚Rahmen' im Goffmanschen Sinne, also über sozial produzierte Semantiken und situationsspezifische Sinnmuster, mit deren Hilfe sie eine Arbeitssituation oder Handlung interpretieren konnten (vgl. Vogd 2009, S. 31 ff.). Die je individuellen Rahmungen, also die Zuordnung von Rahmen zu Situationen und Handlungen, sind in der Regel jedoch nicht, jedenfalls nie komplett, identisch. Außerdem erhöht die fehlende gemeinsame Handlungsvergangenheit die daraus resultierende Inkompatibilität. Divergierende Rahmungen führen dazu, dass Arbeitssituationen unterschiedlich wahrgenommen und gedeutet werden. Wenn dies geschieht, können daraus Missverständnisse und Konflikte resultieren. Divergierende Interpretationen beziehen sich dabei sowohl auf die Konstruktion kollektiver Organisationshandlungen, als auch auf die je individuelle Rolle, die bei der kollektiven Problembewältigung von den Kollegen erwartet wird und die einzunehmen als ‚geboten' erscheint. Weil in die individuellen Situationsrahmungen noch keine gemeinsamen Erfahrungen einbezogen werden konnten, erhöhte sich die Häufigkeit von Missverständnissen und Konflikten im Alltag, bis diese neuen Erfahrungen in die je individuellen Rahmungen integriert wurden.

Das kann an einem Beispiel illustriert werden: Viele Projektmanager sind mit der Erwartung in die RUHR.2010 GmbH eingetreten, gemeinsam mit Kulturschaffenden in den Kulturhauptstadtprojekten kreative Konzepte entwickeln zu können. Die Rahmung der eigenen Tätigkeit als ‚Kreativarbeit' wurde allerdings von den

Anforderungen der Rechtsabteilung konterkariert. Die Juristen erwarteten von den Projektmanagern die Vorlage unterschriftsreifer Verträge mit den von ihnen betreuten Projektautoren. Die Tätigkeit der Projektmanager wurde also als ‚Vertragsarbeit' gerahmt. Lange Zeit sorgten diese unterschiedlichen Rahmungen für erheblichen Zündstoff zwischen den beteiligten Akteuren.

Regelrecht konserviert wurde die Fragilität der sozialen Situation bei der RUHR.2010 GmbH durch die organisatorische Dynamik: das hohe Wachstumstempo der Organisation stellte die Grundlagen der sich langsam entwickelnden, meist impliziten Klärungs- und Verständigungsprozesse zwischen den Organisationsmitgliedern über ihre Handlungsabsichten, Situationsdefinitionen und Hintergrundüberzeugungen immer wieder in Frage. Durch die ständigen Veränderungen der personellen Konstellationen und durch die Verschiebungen in den Aufgabenstellungen und Prioritätensetzungen der RUHR.2010 GmbH mussten außerdem Fragen der Arbeitsteilung, der Koordination und der Definitionen von Arbeitsrollen ständig neu bearbeitet und ausgehandelt werden.

Hinweise auf die Bedeutung und den Ablauf derartiger Prozesse in temporären Organisationen finden sich in einer Studie von Kramer (vgl. 2009). Er geht davon aus, dass alle organisationalen Rollen mit Verhaltenserwartungen (elements of performance) verbunden sind. Während seiner Assimilation in die Organisation entwickelt der Mitarbeiter eine Vorstellung von diesen Verhaltenserwartungen. Dies geschieht im Zuge eines zweistufigen ‚Aushandlungsprozesses'. Zunächst (im Rahmen des Bewerbungsverfahrens) geht es um die explizite Aushandlung einer bestimmten Rolle oder Position in der Organisation. Nach erfolgter Einstellung stehen dann der tatsächliche Inhalt (what to do) und die Ausführung der Organisationsrolle (how to do it) im Vordergrund.

So genannte ‚Rollenaushandlungsprozesse' setzen sich zusammen aus dem ‚Role-sending', bei dem Individuen explizit oder implizit über die Erwartungen an ihre Rollenausübung informiert werden, und dem ‚Role-making', bei dem Individuen die an sie herangetragenen oder vorher ‚ausgehandelten' Rollenerwartungen im Handeln variieren können. Zu diesem Prozess gehören 1) die wechselseitigen Rollenerwartungen, 2) die Mitteilung dieser Erwartungen, 3) der Erhalt oder das Verstehen der Rollenerwartungen sowie 4) das Rollenhandeln selbst, das Abweichungen von den ursprünglichen Rollenerwartungen aufweisen kann und gegebenenfalls ein Feedback bezüglich der künftigen Erwartungen auslöst (vgl. Katz und Kahn 1978).

Die Herausbildung von Organisationsrollen kann als anhaltender interaktiver Handlungsprozess verstanden werden, der nicht nur von vordefinierten Rollenerwartungen, sondern auch von wechselnden organisatorischen Anforderungen, technologischen Systemen und der permanenten Interaktion zwischen miteinan-

3.2 Organisieren ohne Vergangenheit

der in Zusammenhang stehenden Rolleninhabern beeinflusst wird (vgl. Kramer 2009). Da Rollen demnach nicht bzw. nur in relativ geringem Maße explizit verhandelt werden, sondern vielmehr größtenteils durch faktische Aktionen und dadurch evozierte Reaktionen entstehen, sprechen wir im Folgenden von einem Prozess des Erhandelns[10] (statt von einem Aushandlungsprozess). Wir meinen mit dem Erhandeln von Rollen also einen in der Regel nicht oder zumindest nicht primär mit Bedacht beziehungsweise einem Plan folgend vollzogenen Koordinierungsprozess. Prozesse des Erhandelns sind vor allem in Phasen hoher organisatorischer Dynamik, wie sie bei der RUHR.2010 GmbH durchgehend beobachtet werden konnten, von Bedeutung. Zum anderen wird deutlich, dass Erhandeln von Rollen nicht nur einzelne Positionen betrifft, sondern Auswirkungen auf die gesamte Organisation oder zumindest auf Teile davon haben kann.

Es ist nicht ungewöhnlich, dass Prozesse des Erhandelns von Rollen als Bestandteil eines Assimilationsprozesses interpretiert werden, bei denen sich Protagonisten der Organisation und individuelle Akteure gegenüber stehen und versuchen, die jeweils andere Partei an die eigenen Ziele und Bedürfnisse anzupassen (vgl. Jablin 1987). Kramer (vgl. 2009, S. 193 f.) plädiert hingegen dafür, ‚role negotiation', in Anlehnung an Weick, auch als einen impliziten Prozess des ‚sensemaking' zu begreifen und somit das (implizite) Erhandeln von Rollen zu betrachten.[11] In dieser Perspektive findet das Erhandeln von Rollen vor allem deshalb statt, weil es multiple, plausible und potentiell konfliktorische Interpretationen über die Ausführung einer Organisationsrolle gibt. Erst durch Handeln und Kommunikation im Zuge des Erhandelns von Rollen gelangen Akteure zu einem besseren Verständnis ihrer Rolle sowie ihres Verhältnisses zu anderen Rollenträgern in der Organisation. Zwischen den handelnden und miteinander kommunizierenden Akteuren kann es zu intersubjektivem Einvernehmen über die Natur ihrer jeweiligen Rollen kommen. Daran wird deutlich, dass Prozesse des Erhandelns von Rollen nicht nur zur Herausbildung individueller Sinnstrukturen (individual sensemaking) beitragen. Aufgrund der Interdependenz der Organisationsrollen tangieren sie auch die sogenannten kollektiven Sinnstrukturen (collective sensemaking).

Bezieht man diese Überlegungen auf die Situation bei der RUHR.2010 GmbH, so lässt sich festhalten, dass Prozesse des Erhandelns von Rollen aus Sicht der Mitarbeiter eine wichtige Voraussetzung dafür waren, sich in der durch Mehrdeutigkeit und Diffusität geprägten Organisation überhaupt zurechtzufinden. Das ‚role-sen-

---

[10] Schütz (vgl. 2004) unterscheidet Handlung und Handeln. Die Handlung versteht er als das Ergebnis des Vollzugs eines (kognitiven) Entwurfsprozesses. Das Handeln ist demgegenüber das am Handlungsentwurf orientierte Verhalten (vgl. Kurt 2008, S. 19).

[11] Vor allem Weick (vgl. 1995) hat immer wieder darauf hingewiesen, dass sensemaking retrospektiv erfolgt.

ding' seitens der Organisationsführung war in vielen Fällen nur wenig ausgeprägt. Folglich hatten diese Prozesse des Erhandelns für viele Mitarbeiter auch die Funktion der Rollenfindung. Diese Funktion konnte erfüllt werden, weil im Verlauf des Rollenerhandelns Situationsdefinitionen entwickelt wurden, auf die beim weiteren Agieren in der Organisation zurückgegriffen werden konnte.

Situatives Erhandeln von Arbeitsteilung: Ein Fallbeispiel
Der Prozess des Rollenerhandelns und seine strukturverändernden Implikationen können an einem konkreten Beispiel veranschaulicht werden (s. Abb. 3.2). Im Organigramm der RUHR.2010 GmbH war von Beginn an die Position des ‚Verwaltungsleiters' – gewissermaßen als Exekutivdirektor der kaufmännischen Abteilung – vorgesehen, zu dessen Hauptaufgabe die Kontrolle des Rechnungswesens zählte. Dem Verwaltungsleiter übergeordnet war der ‚Kaufmännische Direktor'; ihm unterstellt waren laut Organigramm die Verwaltung inklusive des Bereichs Rechnungswesen und Controlling.

Auf der Position des Verwaltungsleiters gab es relativ früh einen Personalwechsel. Nach einer Übergangszeit, während der die Stelle unbesetzt blieb, wurde ein neuer Verwaltungsleiter eingestellt, der sich selbst als Spezialist im Bereich Rechnungswesen und Controlling von Kulturinstitutionen verstand. Bis dahin hatten sich allerdings innerhalb der RUHR.2010 GmbH schon neue Rollen ausgebildet: Der Mitarbeiter des Controllings etwa besprach alle Fragen des Rechnungswesens direkt mit dem kaufmännischen Direktor. Der neue Verwaltungsleiter geriet in eine Konstellation, in der ein Hauptbestandteil seiner ihm offiziell zugewiesenen Rolle – die Kontrolle des Rechnungswesens – bereits besetzt war. Im Verlaufe seiner organisationalen Sozialisation baute er sich dafür implizit eine vom kaufmännischen Direktor weitgehend unabhängige Personalabteilung auf (mit ihm als faktischem Personalchef), ohne dass diese Abteilung jemals offiziell in den Organigrammen auftauchte. Diese neue Rolle wurde von der Geschäftsführung und den Mitarbeitern dadurch bestätigt, dass sie mit Personalfragen stets direkt an den Verwaltungsleiter herantraten. Auch der kaufmännische Direktor boykottierte diese erhandelte Rolle nicht. Als der Verwaltungsleiter die RUHR.2010 GmbH im Herbst 2010 verließ, wurde sein Verantwortungs- und Arbeitsbereich auf andere Organisationseinheiten aufgeteilt. Die allgemeinen Verwaltungstätigkeiten (20 % der offiziell zugewiesenen Rolle) wurden wieder in den kaufmännischen Bereich integriert. Der Personalbereich hingegen ging in die Stabstelle Justiziariat über, zu der faktisch ohnehin durch die Absprachen bei der Ausfertigung der Arbeitsverträge eine engere Anbindung bestanden hatte.

Der Controller hingegen tauchte damals längst als Leiter der ihm unterstellten und vorher nicht vorhandenen Abteilung ‚Controlling' auf. Er war ursprünglich – nach einem gerade absolvierten Studium der Wirtschaftswissenschaften – für

3.2 Organisieren ohne Vergangenheit

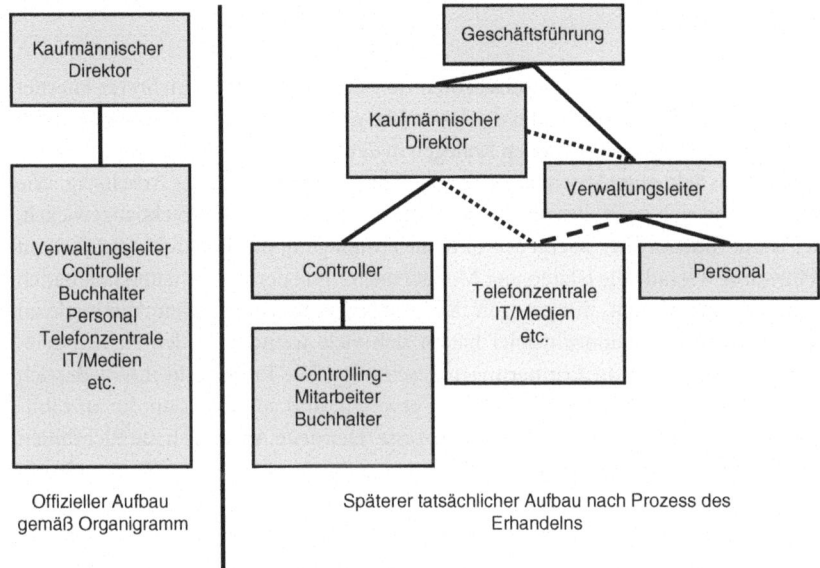

Abb. 3.2 Schematische Darstellung des Aufbaus der kaufmännischen Abteilung (linker Teil angelehnt an Organigramme im Mitarbeiterhandbuch der RUHR.2010 GmbH, Stand Januar 2009)

eine Mitarbeiterstelle eingestellt worden. Durch die Wechsel der Verwaltungsleitung, durch persönliche Sympathien und überzeugende Arbeit etablierte er eine feste Position mit einer zentralen Rolle in der Organisation, an die sein offizieller Status (zunächst Controlling-Mitarbeiter, dann Controlling-Leiter, zuletzt ‚Leiter Finanzen, Controlling und allgemeine Administration') immer wieder angepasst wurde. Dieses Beispiel aus der kaufmännischen Abteilung zeigt, dass hier weder offiziell zugewiesene Rollen, noch von den handelnden Personen erwartete oder erwünschte Rollen das Rollenhandeln und die Organisationsstruktur bestimmten. Vielmehr entstanden diese durch die Kumulation von Handeln und Erfahrungen, durch die Etablierung von Gewohnheiten des Interagierens und Handelns. Natürlich spielten in diesen Prozess stets auch bewusstes Aushandeln bis hin zu mikropolitischem Taktieren hinein. Allerdings konnte nur das Agieren, das aufeinander Reagieren und das implizite Bestätigen oder eben Verändern der jeweiligen Rollen der Anderen eine solche strukturierende Wirkung erzielen.

3.2.6 Epilog

Cornelia sitzt an ihrem Schreibtisch. So ordentlich war er – trotz mehrerer interner Umzüge – wohl vor vier Jahren das letzte Mal gewesen. Gleich kommen die noch in der Organisation verbliebenen Kollegen in den Besprechungsraum, wohin sie sie auf ein Glas Sekt zum Abschied eingeladen hat. Heute ist ihr letzter Arbeitstag. Wie lange hat sie sich nach diesem Tag gesehnt, an dem das letzte Projekt abgewickelt, der letzte Aktenordner übergeben und der Posteingang für das Archiv aufgeräumt sein würde. Gerade die letzten vier Monate nach Ende der Kulturhauptstadt hatten sich, wie man so sagt, ‚hingezogen'. Mehrmals pro Woche standen Abschiede an – bereits bei der Weihnachtsfeier hatten sich viele weinend in den Armen gelegen und gemeinsam in Erinnerungen geschwelgt. Die Projekte in ihrem Bereich waren damals bereits alle abgeschlossen gewesen, und so ging es an die ‚unzähligen' Abrechnungen und Abwicklungsprozesse. Der neue Archivar hatte Richtlinien für die Archivierung entwickelt – die kamen leider drei Jahre zu spät. So musste jeder Aktenordner neu sortiert, fehlende Unterlagen mussten aufwändig nachgetragen und alle Projekte mussten vereinheitlicht dargestellt werden. Gut, dass sie die Dateien ihres ‚illegalen' Ordners auf ihrer Festplatte bis vor drei Wochen noch nicht wie vorgesehen in das Datenmanagementsystem einsortiert hatte, sonst hätte sie alles zwei Mal ordnen müssen.

Natürlich verlässt sie die RUHR.2010 GmbH auch mit einem weinenden Auge. Sie wird ihre Kollegen in diesem hochmotivierten und ihr (fast) durchweg sympathischen Team vermissen. Insbesondere die gemeinsamen Partys im letzten Jahr waren großartig gewesen. An solch einem Projekt in der Organisation mitgewirkt zu haben, erfüllt sie zudem mit Stolz. Es war ein erhebendes Gefühl, die eigenen Projekte nach so langer und manchmal quälender Zeit der Vorbereitung endlich real zu erleben. Und auch die Projekte der anderen hatten großen Spaß gemacht: die Theater-Reise ‚Odyssee Europa', die Biennale internationale Lichtkunst, das Massenpicknick auf 60 km gesperrter A40 beim ‚Still-Leben' oder die vielen Kunstaktionen auf der Emscherinsel beim Projekt ‚Emscherkunst' waren einige ihrer persönlichen Highlights gewesen. Doch die Zeit war auch überaus kraftraubend gewesen. Wie viele Überstunden sie gemacht hatte, hat sie nie gezählt, doch es waren viele. Auch die Projektarbeit war nicht wirklich erfüllend gewesen. Ständig hatte sie das Gefühl gehabt, mit der Arbeit nicht nachzukommen. Bei vielen Projekten hätte sie eine bestimmendere Rolle spielen sollen. So kam es, dass sie zum Teil von ihren eigenen Projekten enttäuscht worden war und dass bei einigen Veranstaltungen die eine oder andere unangenehme Überraschung auf sie gewartet hatte. Zudem hätte sie sich gewünscht, stärker in die künstlerisch-kreative Arbeit eingebunden zu sein und nicht hauptsächlich administrative Aufgaben erfüllen zu müssen.

3.2 Organisieren ohne Vergangenheit

Dennoch: Cornelia bereut nicht, mit ‚dabei' gewesen zu sein. Sie hat viel gelernt und viele Einblicke in für sie vorher fremde Bereiche erhalten. Diese Erfahrungen, die Kontakte und Erlebnisse kann ihr niemand mehr nehmen. Sie weiß noch nicht, was nun kommt. Sie war immer zu beschäftigt und stets auf die nächste Deadline konzentriert, als dass sie für Gedankenspiele in die Zukunft Zeit gehabt hätte. Cornelia wird jetzt erst einmal einige Wochen reisen, Freunde besuchen und abschalten – alles andere wird sich schon ergeben.

3.2.7 Strukturierung durch Handeln

Wie also verstehen wir den Aufbauprozess der Event-Organisation RUHR.2010 GmbH? Grundlage für das Erhandeln von Rollen und die daraus sich entwickelnde Strukturierung der Organisation sind Sinngebungsprozesse, die auf dem Handeln von Individuen aufbauen. Die Organisationsmitglieder handeln. Dabei kommunizieren sie zugleich ihre eigenen Erwartungen an die Rolle und das Handeln anderer, evozieren Reaktionen von anderen Personen, die entweder ihre Rolle bestätigen oder eine Änderung einfordern. Anfangs wird eine Vielzahl neuer Handlungspfade angestoßen, die weiter geführt werden und sich verstetigen, wieder verworfen und unterbrochen, irgendwann wieder aufgegriffen oder ganz abgebrochen werden. Im Datenmanagementsystem der RUHR.2010 GmbH findet sich eine Vielzahl von ‚Spuren' solcher Improvisationen, wo Listen und Dokumente – teils weil die Mitarbeiter gerade ‚nichts anderes zu tun hatten', teils aus sich später als falsch herausstellender Antizipation – erstellt worden waren, die dann abgebrochen oder nicht gebraucht wurden. All die angedachten, begonnenen, weitergeführten oder abgebrochenen Handlungspfade der Mitarbeiter lassen sich dann rückblickend als eine organisationale Struktur des Handelns wahrnehmen.

Dieses Verständnis korrespondiert mit der Beschreibung kollektiven Handelns (etwa in Organisationen), wie es Strübing (vgl. 2005) in Anlehnung an Strauss formuliert. Kollektives Handeln sei das Ergebnis verschiedenen, unterschiedlich gerichteten individuellen, aufeinander bezogenen Handelns. Organisationsmitglieder artikulieren diese Handlungen, kommunizieren sie und verknüpfen sie miteinander. Dieser Typ der Arbeitsaufgabe, bei dem Aufgaben koordiniert und die Arbeitsteilung zwischen den Akteuren situativ ausgehandelt wird, wird als ‚Artikulationsarbeit' bezeichnet (vgl. Strauss et al. 1985). Von Bedeutung ist nun, dass dieser Typus von Arbeit, der sich auf die Arbeitsteilung und Arbeitsorganisation bezieht, nicht von einer eigens dafür ausdifferenzierten Organisationseinheit geleistet oder anderweitig externalisiert werden könnte, sondern „alltäglicher und unvermeidlicher Bestandteil kollektiver Arbeitsprozesse ist, und dass die praktizierte Arbeitsteilung ihren Ausgangspunkt in diesen Aushandlungen der Arbeitenden untereinander hat" (Strübing 2005, S. 212). Ob die entsprechenden Interaktionen von Konsens oder von Zwang, von Systematik oder von Chaos geprägt sind, ist dann eine empirische Frage.

Die Gesamtheit aller Arbeitsaufgaben bildet die als kollektives organisationales Handeln zu verstehenden Arbeitsbögen (vgl. Strauss 1985; Pfadenhauer 2008, S. 181). Die Summe allen Handelns und aller Interaktionen, die – simultan oder sequentiell, geplant oder ungeplant – zur prozessualen Eigenlogik eines (weder kontrollier- noch steuerbaren) Phänomens beigetragen haben, lassen sich dann retrospektiv als Trajekt betrachten (vgl. Strübing 2005, S. 209 ff.; Soeffner 1991).

Trotz der Versuche, die Arbeitsstruktur durch Organigramme und Prozess-Schemata unter Hinzuziehung von Erfahrungen Dritter vorzugeben, blieb auch bei der RUHR.2010 GmbH das Erhandeln – also das gemeinsame Handeln und das sich damit explizit wie implizit, bewusst wie unbewusst Auseinandersetzen – zentrales Element des Strukturierungsprozesses. Die Organisationsskizzen und Positionsbeschreibungen entstanden ‚am Reißbrett' – etwa von Organisationsberatern –, wirkten nicht determinierend, sondern, wenn überhaupt, orientierend. Hauptsächlich dienten sie – nicht zuletzt der Organisationsführung – der Vergewisserung, dass die Aufgabe des Organisierens eines Kulturhauptstadtjahres überhaupt prinzipiell strukturierbar ist. Sie legitimierten in gewisser Weise die Fiktion, dass die Arbeit der Organisation doch irgendwie plan- und kontrollierbar sei und in halbwegs geregelten wie kalkulierbaren Bahnen verlaufen könne. Die Ergebnisse der Organisationsberatung ermunterten zum Handeln. Den Strukturierungsprozess der Organisation konnten die Berater allerdings nicht vorstrukturieren. Sie mussten von den Mitarbeitern durch ihr Handeln vollzogen werden.

Die Strukturierung der Organisation konnte also nur im Vollzug des Arbeitshandelns, in der gegenseitigen Reaktion der Mitarbeiter auf die Handlungsweisen der anderen geschehen. Dieser Prozess wurde von den meisten Mitarbeitern unterschätzt. Viele – so auch ‚Cornelia' – erwarteten, die eigenen Vorerfahrungen sowie die zugewiesene Position im offiziellen Gefüge der Organisation könnten ausreichen, um nach einer ersten Einarbeitungszeit mit der inhaltlichen Arbeit zu beginnen und gemeinsam die Kulturhauptstadt zu organisieren und den Konkretisierungshunger aller zu befriedigen. Die inhaltliche Arbeit hatte auch sofort beginnen müssen, denn ohne zu handeln (‚role-sending') wären keine Rückmeldungen der anderen auf das eigene Handeln evoziert worden und hätte somit die eigene Rolle nicht angepasst und mit den Erwartungen der anderen abgestimmt werden können (‚role-making'). Doch die Ergebnisse der inhaltlichen Arbeit waren – zumindest in der Wahrnehmung der Mitarbeiter – zunächst minimal.

3.2 Organisieren ohne Vergangenheit

Wie jede soziale Ordnung unterliegen auch Organisationen nach unserem Verständnis als „structure in process" (Strauss 1978, S. 250) einem stetigen Wandel. Ein Teil der Aufmerksamkeit der Organisationsmitglieder muss also ständig darauf verwendet werden, das eigene Handeln zu kommunizieren und es auf die Erwartungen und das Handeln der anderen zu beziehen. Wird eine Organisation aber gerade aufgebaut, liegen aufgrund des Fehlens einer geteilten und gemeinsam prozessierten Handlungsvergangenheit noch keinerlei das soziale Gefüge stabilisierende und den Organisationsmitgliedern ein gewisses Maß an Orientierung vermittelnde strukturelle Komponenten vor (vgl. Reed 1992, S. 86). Die Organisation als ‚soziale Ordnung im Fluss' existiert noch nicht, da sie noch nicht geflossen *ist* und noch über keine Fließrichtung verfügt. Anders als beim Projektil einer Schusswaffe fehlt die die anfängliche Richtung und Geschwindigkeit gebende Beschleunigung – bzw. steht diese Beschleunigung noch aus. Viele kleine Kräfte aus individuellen Erfahrungen, Vorstellungen, Interessen und Erwartungen der beteiligten Akteure ziehen den Organisationskarren in unterschiedliche Richtungen und müssen erst austariert werden. Beim Aufbau einer Organisation dominiert so zunächst in hohem Maße Strukturierungs- und Rollen*arbeit*.

Die Beobachtungen der RUHR.2010 GmbH zeigen allerdings, dass diese Strukturierungs- und Rollenarbeit von den Mitarbeitern nicht als ‚notwendig' und dass das Erhandeln von Rollen nicht als Ergebnis dieser Arbeit wahrgenommen worden ist. Das jeweilige Verständnis von Arbeit war eng geknüpft an die je eigene funktionelle Interpretation des offiziellen Organisationsziels, eine Kulturhauptstadt zu organisieren. Darauf, dass die vielfältigen individuellen Erfahrungen und Vorstellungen, die – über wenige diffuse Allgemeinplätze hinausgehend – kaum Bezug zueinander hatten, zunächst im Vollzug des gemeinsamen Handelns wenigstens in einem gewissen Maße aufeinander bezogen werden mussten, waren die meisten Organisationsmitglieder nicht vorbereitet. Frustrationen aufgrund enttäuschter Erwartungen waren die Folge.

Es zeichnete sich ab, dass auf Grund des bis in das Jahr 2010 hinein gehenden kontinuierlichen Organisationswachstums und des daran unmittelbar anschließenden Schrumpfungsprozesses die hohe Fluktuation der Personen, Interessen und Deutungen nie ganz aufhören würden. Eine ‚formal ausdifferenzierte Organisation' im Sinne Kühls (vgl. Kap. 3.2.3) konnte daher schon deshalb nicht entstehen, weil diese Form wenig flexibel ist. Die RUHR.2010 GmbH kann als eine Form zwischen ‚Face-to-Face-Organisation' und formal ausdifferenzierter Organisation beschrieben werden. Zwischen den Mitarbeitern waren relativ stabile und geordnete Beziehungen (‚pockets of order', Weick 2001, S. 52) möglich, die auch die gesamte Organisation stabilisierten. Diese arbeiteten allerdings in hohem Maße selbstständig und waren lediglich in geringem Maße in übergeordnete Regelsysteme und Hierarchien eingebunden. Die Verhältnisse zwischen diesen Segmenten wurden durch den ständigen Wandel immer wieder gestört, unterbrochen und in Frage gestellt. Damit einhergehend stellt sich die Frage, wie mit dieser Segmentierung der Organisation umgegangen wurde und wie trotz der Segmentierung Entscheidungen in der Organisation möglich waren.

3.3 Organisieren in der pluralen Organisation

Die RUHR.2010 GmbH verfügte zwar in Form des Bewerbungsbüros über eine Vorgängerstruktur. Während der Wachstumsphase der Organisation stieg die Zahl der Mitarbeiter allerdings binnen zwei Jahren um mehr als das Zwanzigfache, so dass die während der Bewerbung gemachten kollektiven Erfahrungen als die einer – zwar wichtigen, aber dennoch – kleinen Minderheit innerhalb der Organisation angesehen werden können. So musste die Strukturierung und Rollenbildung in einem zirkulären Prozess der Konkretisierung neu ansetzen. Grundlage dieses Prozesses waren auf individuelle Erfahrungen gestützte erste Impulse des Handelns und der kollektiven Auseinandersetzung mit der Situation, durch die die Beteiligten allmählich ihre jeweiligen Vorstellungen aufeinander bezogen und ein differenziertes (subjektives) Bild von der Situation und den mit ihnen Handelnden aufbauten. So bildeten sich langsam Handlungs- und Kommunikationsstrukturen heraus und jedes Individuum entwickelte ein eigenes und auf andere projiziertes Rollenverständnis. Erst im Laufe der ‚Strukturierungsarbeit' bekamen die Mitarbeiter allmählich auch das Gefühl, produktiv im Sinne ihres von ihnen so verstandenen Arbeitsauftrages zu sein. Zwar war der ‚Wendepunkt' hin zu produktiver Arbeit, von dem Miles (vgl. 1964, S. 470) schreibt, empirisch nicht festzumachen, da der zirkuläre Prozess aus Handeln und Handlungsveränderung, Reaktionen und Rollenanpassung auch weiterhin zu Reibungen und zur Verlangsamung der Organisationsprozesse führten. Dennoch: Je weiter die ‚Rollenarbeit' fortschritt und nachdem der erste Sozialisations- und Aushandlungsschritt zwischen den Beteiligten vollzogen war, desto weniger Aufmerksamkeit mussten die Mitarbeiter eben auf das Erhandeln ihrer Rollen richten.

Organisationen sind darauf spezialisiert, mehrdeutige Inputs in augenfällige Deutungen und Bearbeitungen zu überführen. Wie also gelang diese „semantisch-kommunikative Engführung" (Vogd 2009, S. 31) in einer Organisation, die nahezu bis zu ihrer relativ abrupten Auflösung massiv expandierte und in der die Mitarbeiter daher ununterbrochen (auch) damit beschäftigt waren, die noch kaum vorhandenen Sinnstrukturen überhaupt erst einmal aufzubauen und die verhältnismäßig gering vorhandenen Rollenerwartungen zu erhandeln? Welche Divergenzen lagen

3.3 Organisieren in der pluralen Organisation

vor und mussten innerhalb der Organisation prozessiert werden, um die ihr zugedachte Funktion als fokaler ‚Akteur' des Kulturhauptstadt-Netzwerkes nach außen wahrnehmen zu können? Um solche Fragen beantworten zu können, muss nun die Meso-Ebene betrachtet und müssen die organisierenden Handlungen, das Koordinieren und Arbeiten der Mitarbeiter und Organisationseinheiten beim Organisieren eines Mega-Events analysiert werden. Ausgangspunkt dabei ist die Erkenntnis, dass die RUHR.2010 GmbH nicht einem ‚klassischen' – das heißt zweckrationalen, bürokratischen, homogenen und permanenten – Organisationsverständnis entspricht. Wie – wenn nicht zweckrational – kam ‚man' in dieser Organisation dann aber zu Handlungsentscheidungen? Und schließlich: Was hielt die Organisation trotz ihrer Heterogenität zusammen, wenn es nicht primär durch Hierarchien und formale Machtstrukturen vermittelte Anweisungen waren?

3.3.1 Retrospektive

Guten Tag, mein Name ist Johannes.[12] Ich arbeite seit nunmehr zweieinhalb Jahren in der Marketingabteilung der RUHR.2010 GmbH. In der nächsten Woche findet unsere abschließende, teaminterne Klausurtagung statt, in der wir kurz vor dem Ende der Kulturhauptstadt gemeinsam an zwei Tagen unsere Erfahrungen austauschen und unsere Arbeit evaluieren werden. Dies möchte ich zum Anlass nehmen, mir zur Vorbereitung bereits einige Gedanken über meine persönlichen Erfahrungen zu machen.

Zunächst einmal muss ich sagen, dass mir die Arbeit bei der RUHR.2010 GmbH insgesamt großen Spaß gemacht hat. Ich bin stolz darauf, bei einem solch bedeutenden Projekt mitgewirkt zu haben und ein Teil davon im Herzen der Organisation gewesen zu sein. Wie häufig haben in diesem Jahr die Schmetterlinge in meinem Bauch getanzt: Als wir im Herbst 2009 nach Jahren der Vorbereitung, unzähligen Nachtschichten, viel Frust und noch mehr Kaffee endlich das Programmbuch in Händen hielten; als Herbert Grönemeyer bei der Eröffnung der Kulturhauptstadt mitten im Schnee-Gestöber sein neues Ruhrgebiets-Lied anstimmte; als der erste von über 300 gelben Helium-Ballons als ‚Schachtzeichen' über den ehemaligen Zechenstandorten des Ruhrgebiets aufgelassen wurde; und nicht zuletzt beim Blick aus der zur Presselounge umgebauten Konzernzentrale eines Sponsors auf die gesperrte Autobahn A40, über die bei strahlendem Sonnenschein kaum

---

[12] Wie schon in Kap. 3.2 ‚Cornelia' so ist auch ‚Johannes' eine Konstruktion, die an in Interviews geäußerten Beschreibungen der Arbeit in der RUHR.2010 GmbH angelehnt ist und dem Leser einen Eindruck der Sicht der Akteure vermitteln soll.

vorstellbare 3 Mio. Menschen spazierten. Auch meine Teamkollegen waren toll. Ich werde wohl nie wieder in einem so jungen, netten und offenen Team arbeiten können, wie hier.

Dennoch war die Arbeit der RUHR.2010 GmbH auch durch erhebliche Probleme und Schwierigkeiten geprägt. Die Organisation war sehr heterogen aufgebaut, was etwa zur Folge hatte, dass wir als ‚Querschnittsabteilung' mit jedem Team unterschiedliche Modi der Zusammenarbeit entwickeln mussten. So mussten wir zum Beispiel in unseren eigenen Planungen stets berücksichtigen, dass das künstlerische Team ‚Stadt der Kreativität' stets Fristen einhielt, die ‚Stadt der Künste' hingegen oftmals erst etliche Tage verspätet stark bearbeitungsbedürftige Texte für Publikationen oder ähnliches einreichte und bei der Bearbeitung immer nahezu deren komplettes Team einbezogen werden musste. Auch die technischen Hilfsmittel, etwa die Projektdatenbank und das Datenmanagementsystem wurden von jedem anders genutzt – und von niemandem so, wie ursprünglich von der Geschäftsführung und den Organisationsberatern intendiert. Gepaart mit dem ständigen wachstumsbedingten Wandel der Organisation hat die Heterogenität dazu beigetragen, dass ich den Überblick über die Organisation irgendwann komplett verloren habe: Ich kenne die für mich relevanten Personen sowie das Marketingteam. Doch ich würde nicht sagen, dass ich, wie noch am Anfang meiner Beschäftigung, ein tiefer gehendes Verständnis von der Organisation hätte. Wie die anderen arbeiten, mit welchen Problemen sie aktuell beschäftigt sind, weiß ich mittlerweile nur noch rudimentär.

Was uns immer wieder auseinander gebracht hat, waren zudem die zwischen den Organisationseinheiten vorhandenen Interessenunterschiede, die insbesondere in schwierigen Entscheidungssituationen zutage traten. Ich kann ja verstehen, dass etwa die Projekte eine ausreichende Finanzierung benötigen. Doch ohne Marketing bringt das beste Projekt nichts, weil dann eben keine Leute kommen. So mussten wir auf Grund der schwierigen Finanzsituation ständig darum kämpfen, dass uns nicht noch mehr Gelder zugunsten von Projekten gestrichen werden. Die Kollegen aus den ‚Kreativabteilungen' – also die Mitarbeiter der künstlerischen Teams – konnten sowieso am lautesten ‚schreien': Ständig fühlten sie sich von uns benachteiligt oder versuchten, uns durch irgendwelche Vorgaben unsere Kompetenz streitig zu machen. Wenn es dann aber konkret wurde und wir Inhalte von ihnen brauchten, wurde von allen Seiten um Fristverlängerung gebeten und alles kam auf den allerletzten Drücker. Zudem rannte uns stets die Zeit davon, wodurch wiederum Konflikte etwa mit dem Justiziariat oder dem Controlling vorprogrammiert waren: Uns war es immer nur unter Hochdruck und mit Abstrichen möglich, die vielen Fristen von Vergabeverfahren einzuhalten oder unsere Kalkulationen recht-

3.3 Organisieren in der pluralen Organisation 67

zeitig einzureichen. Allerdings haben die Leute aus der kaufmännischen Abteilung es mit ihren formalen Vorgaben auch ganz schön übertrieben.

Ich muss auch sagen: Ich beneide die Entscheidungspersonen in der Organisation nicht. Denn ständig prasselten Probleme, Anfragen und Anforderungen auf uns ein, wurden neue Hürden unserer Arbeit sichtbar. Zusätzlich zu den Interessen Dritter mussten die Interessen innerhalb der Organisation berücksichtigt werden, wobei oftmals überhaupt keine logischen oder offensichtlichen Lösungen eines Problems vorlagen. Wie sollten wir mit der Finanzkrise umgehen? Optimistisch bleiben und uns weiter um Sponsoren bemühen oder lieber einige Projekte absagen und unsere Zeit und Ressourcen auf die restlichen Projekte und Maßnahmen konzentrieren – und welche Zugeständnisse sollten wir gegenüber möglichen Sponsoren machen? Auch wurde die Kulturhauptstadt bereits vor der Eröffnung bewertet und zum Teil vorverurteilt. Wie sollten wir mit diesen von externen Akteuren an uns herangetragenen Anforderungen umgehen?

Dennoch: Trotz all dieser Schwierigkeiten und Spannungen war die Arbeit bei der RUHR.2010 GmbH und mit den Kollegen – ungeachtet der oft unterschiedlichen Interessen – insgesamt ja durchaus erfolgreich. Und dazu, dass sie oben drein Spaß gemacht hat, haben nicht zuletzt die internen Partys nach getaner Arbeit beigetragen, auf denen sogar die Geschäftsführer das Tanzbein mitschwangen. Auch die wirklichen Gemeinschaftsleistungen, bei denen die internen Grenzen für einige Tage verwischt wurden, haben den einenden Teamgeist beschworen: So durfte ich etwa bei der Eröffnungsfeier gemeinsam mit einem Kollegen der kaufmännischen Abteilung eine Künstlergruppe betreuen, und beim Großprojekt ‚Still-Leben' war ich im Pressezentrum eingebunden. Nicht zuletzt waren wir uns stets in einem einig: Wir wollten alle gemeinsam eine erfolgreiche Kulturhauptstadt auf die Beine stellen.

3.3.2 Die Projektorganisation – offizielle Strukturen der RUHR.2010 GmbH

Die ‚Reflektionen' von ‚Johannes' ebenso wie die von ‚Cornelia' im Kap. 3.2. lassen ein Bild von der Arbeit und den Abläufen in der RUHR.2010 GmbH entstehen, das kaum weiter von der ‚klassischen' Organisationsvorstellung einer strengen Zweck-Mittel-Hierarchie entfernt sein könnte. In vielerlei Hinsicht scheint die RUHR.2010 GmbH auf den ersten Blick chaotisch gearbeitet zu haben. Die Führung wusste nicht immer, was in der Organisation passierte; die einzelnen Organisationseinheiten wussten oftmals wenig voneinander und konnten den Erfolg und die Angemessenheit ihrer eigenen Handlungen häufig nicht einschätzen. Die

Arbeitsaufträge waren oft diffus formuliert, wenn nicht gar gänzlich undefiniert. Und wenn die Führung Vorgaben machte, so wurden diese nicht selten umgangen: Zentrale Instrumente der Steuerung und der unternehmensinternen Transparenz, wie die Projektdatenbank oder das Datenmanagementsystem, wurden entgegen diverser Dienstanweisungen – und entgegen offizieller Darstellungen im Nachhinein (vgl. Koslowski 2011) – kaum genutzt oder uminterpretiert. Hinzu kam eine strukturell bedingte Überbelastung der Angestellten, gekoppelt mit ‚gefühlt' geringer Wertschätzung der Leistungen des Teams. Jede Organisationseinheit war anders aufgebaut und in unterschiedlichem Ausmaß formalisiert und reichte vom ‚basisdemokratischen Generalisten-Team' bis hin zum ‚vierstufig hierarchisierten Spezialisten-Team'.

Offiziell – im Sinne ‚sekundärer Legitimationen'[13] – verfügte die RUHR.2010 GmbH über eine klare und transparente Organisationsstruktur. Im Gesellschaftsvertrag sind fünf verfasste Organe festgeschrieben (s. Abb. 3.3). Die Gesellschaftsversammlung, als formal höchstes Entscheidungsgremium, tagte ein Mal im Jahr. Der Aufsichtsrat – und diesem angegliedert der Arbeitsausschuss – beaufsichtigte die Aktivitäten der Organisation und beschloss formal die zentralen finanziellen und programmatischen Entscheidungen. Zudem benannte der Aufsichtsrat die Mitglieder des Kuratoriums, dem prominente Persönlichkeiten des kulturellen und politischen Lebens angehörten und die beratend wirkten. Fünftes verfasstes Gremium war die Geschäftsführung, die an der Spitze der Organisation stand, die alltäglichen Geschäfte der Gesellschaft leitete und das Team der Organisation führte.

Im Jahre 2006 befasste sich eine Beratungsagentur mit dem Aufbau der Organisation und entwickelte in einem längeren Prozess sowohl ein Aufbau-Organigramm (s. Abb. 3.1 in Kap. 3.1.4), als auch ein Ablauf-Organigramm (s. Abb. 3.4) der RUHR.2010 GmbH. Diese Organigramme dienten als Leitfäden für den Aufbau und die Struktur der RUHR.2010 GmbH und wurden kontinuierlich weiter entwickelt. Der zweiköpfigen Geschäftsführung waren fünf Stabstellen direkt untergeordnet: Presse und Internet, Fundraising und Sponsoring, Programmkoordination, Internationales sowie das Justiziariat. Im Zentrum der Organisation standen die vier künstlerischen Teams, jeweils mit einem künstlerischen Direktor an der Spitze. Zur Koordination der vier künstlerischen Teams sowie zur Assistenz der vier Direktoren diente das Büro der künstlerischen Leitung. Zudem

---

[13] Primäre Legitimationen werden „von den Organisationsmitgliedern selber in Interaktion und Kommunikation hervorgebracht" und beziehen sich in der Regel auf die situativ wahrgenommene und begründete Handlung. Sekundäre Legitimationen sind die „Erklärungen und Rechtfertigungen, die von professionalisierten Experten, Managern und anderen Führungskräften produziert werden" (Pfadenhauer 2008, S. 27). Sie prägen Handlungen weitaus weniger als die primären Legitimationen.

3.3 Organisieren in der pluralen Organisation

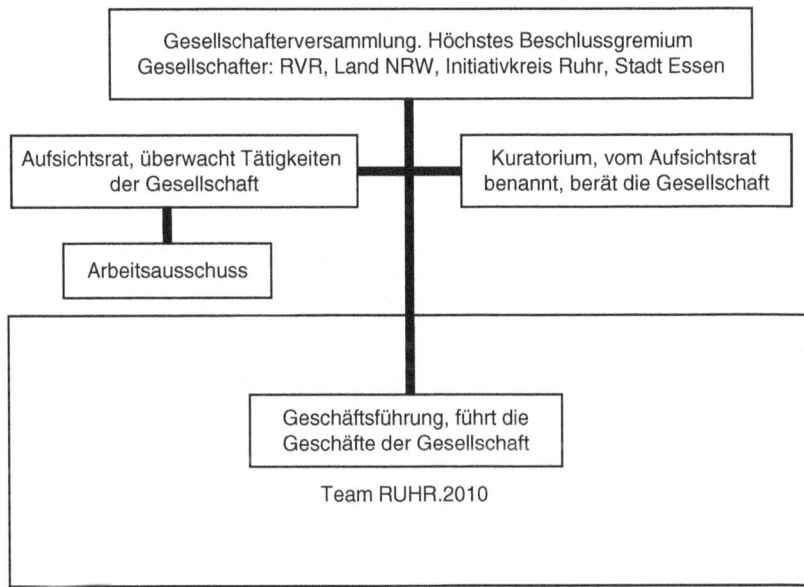

Abb. 3.3 Verfasste Organe der RUHR.2010 GmbH. (Darstellung nach dem Gesellschaftsvertrag der RUHR.2010 GmbH)

gab es zwei größere ‚Querschnittsabteilungen': Die Marketingabteilungen sowie die kaufmännische Abteilung mit den Bereichen Administration und Controlling (s. Abb. 3.4).

Die RUHR.2010 GmbH verstand sich als ‚Projektorganisation' (vgl. Achauer und Grandmontagne 2008). Jedes Projekt war einem künstlerischen Team und einem künstlerischen Direktor direkt zugeordnet und wurde von diesen betreut. Die künstlerischen Teams wurden im Zentrum des operativen Organigramms verortet (s. Abb. 3.4). Die anderen Organisationseinheiten sowie die Stabsstellen wurden als den künstlerischen Teams und den Projekten zuarbeitende Teams verstanden. Deren Aufgaben waren demnach Querschnittsaufgaben, welche als Dienstleistung für die künstlerischen Teams und die von ihnen betreuten Projekte verstanden wurden.

Die künstlerischen Teams fungierten als Schnittstelle zwischen den Organisationseinheiten der RUHR.2010 GmbH und den 300 Projekten. Die Projekte wurden von der RUHR.2010 GmbH in drei Kategorien unterteilt: Zu den *Eigenprojekten* zählten die Projekte, die von der RUHR.2010 GmbH operativ umgesetzt und verantwortet wurden. Sie wurden also entweder von der RUHR.2010 GmbH selber

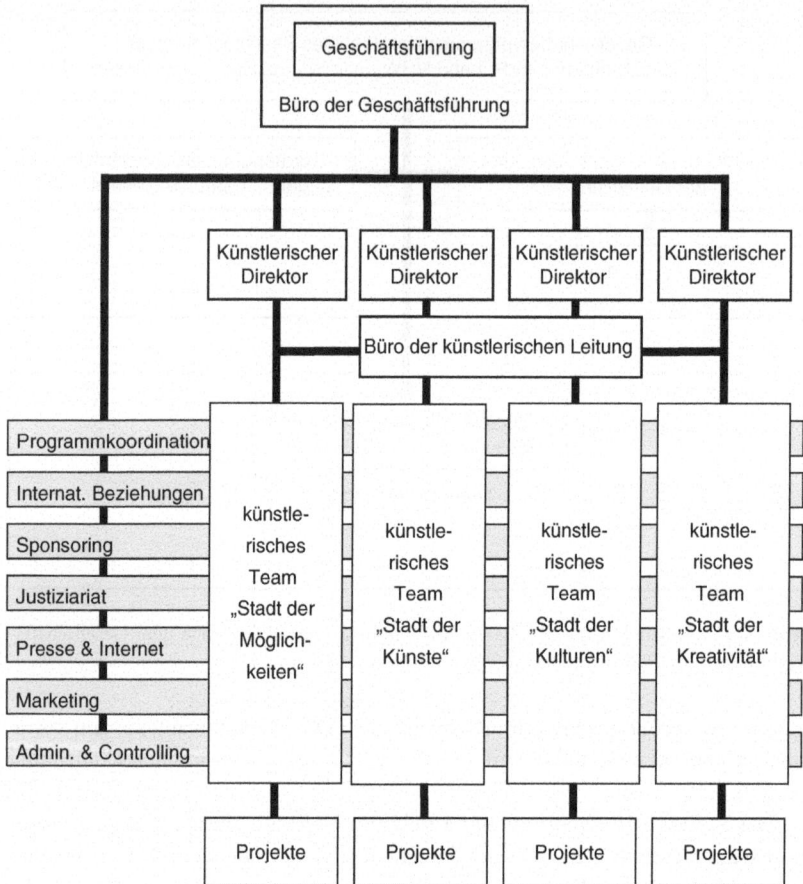

Abb. 3.4 Operatives Organigramm der RUHR.2010 GmbH. (Darstellung in Anlehnung an das Mitarbeiterhandbuch der RUHR.2010 GmbH)

entwickelt (etwa das Interkultur-Projekt ‚Melez' und das Chor-Projekt ‚!Sing – Day of Song'), oder von externen Projektpartnern übernommen (so das geschichtskulturelle Projekt ‚Schachtzeichen'). *Koproduktionsprojekte* wurden von externen Partnern umgesetzt und operativ verantwortet, wurden aber aus dem Budget der RUHR.2010 GmbH mitfinanziert. Die Zusammenarbeit wurde in der Regel durch relativ komplexe vertragliche Vereinbarungen zwischen der RUHR.2010 GmbH und den Projektpartnern geregelt. *Kooperationsprojekte* wiederum wurden als offizielle Projekte der Kulturhauptstadt in das Programm aufgenommen, aber komplett extern organisiert und finanziert.

Im Vollzug des Organisierens der Kulturhauptstadt hat sich die Organisationsstruktur immer stärker gewandelt und ausdifferenziert. Zu beobachten war eine deutlich expansive Personalpolitik, wobei hier insbesondere die Abteilung Marketing und Kommunikation sowie die Stabstelle Presse stärker als andere Bereiche der Organisation über die ursprünglich vorgesehenen ‚Planstellen' hinaus expandierten.[14]

3.3.3 Zeitstruktur von Repräsentationssystemen

Die Pluralität der RUHR.2010 GmbH und die relativ geringe Ausprägung formaler, die komplette Organisation durchdringender Strukturen legen die Annahme nahe, dass Handlungsentscheidungen entsprechend einer strengen Zweck-Mittel-Rationalität kaum möglich waren. Dennoch gelang es den Mitarbeitern der Organisation, Handlungen miteinander zu koordinieren und aufeinander abzustimmen. Unsere Untersuchung zeigte, dass die Organisation trotz der Pluralität über eine bestimmte Ordnung verfügte, die sich als ein Geflecht von ‚Repräsentationssystemen' mit jeweiligen Handlungslogiken und ihnen immanenten Zeitstrukturen beschreiben lässt. Bevor wir den Prozess von Handlungsentscheidungen im nächsten Unterkapitel näher analysieren, lohnt zunächst ein über die Befristung hinausgehender Blick auf die Zeitstruktur der Organisation.

Erlebte Zeit ist nicht objektiv gegeben, linear und mechanisch, denn nicht die kontinuierlich tickende Uhr produziert in diesem Sinne Zeit, sondern wir selbst tun es durch die chronologische Aneinanderreihung von Erinnerungen. Neben dieser subjektiven Zeitwahrnehmung sind wir in kollektive Zeitrhythmen hinein sozialisiert und so eingebunden in einen intersubjektiven Zeitkontext. In der Gegenwartsgesellschaft dominiert dabei – als sozialer Zeit-Konsens – die von der Uhr vorgegebene Zeit. In besonderem Maße zeitlich strukturiert sind Organisationen: Der Eintritt eines Menschen in eine Organisation bedeutet, sich endgültig dem Diktat der Uhr und den in Organisationen vorhandenen Zeitrhythmen zu unterwerfen (vgl. Hitzler 1987; Bakker und Janowicz-Panjaitan 2009, S. 123 ff.). Organisationen sind allerdings, wie gezeigt, bezüglich der Zeitwahrnehmung intern nicht homogen. Sie untergliedern sich wiederum in Zeitsektoren (‚temporal

---

[14] Diese Proportionenverschiebung zwischen den Organisationseinheiten deutet bereits auf die im vierten Kapitel behandelte Bedeutung von Sinngebungsprozessen für die Tätigkeit der RUHR.2010 GmbH hin.

zones', ebd., S. 125) als Subeinheiten der Organisation, die für sich relativ homogen sind und sich von anderen Organisationseinheiten etwa durch ihren spezifischen Zeithorizont, ihrem speziellen Zeitdruck und ihrer eigenen Taktung unterscheiden. Die RUHR.2010 GmbH verfügte als Ganzes über einende Zeittaktungen – etwa die in regelmäßigen Abständen stattfindenden Gremiensitzungen oder die gesamte Organisation betreffende Wegmarken wie die Programmbuch-Veröffentlichungen oder die Kulturhauptstadt-Eröffnung. Unbeschadet dessen divergierte die Zeitstruktur der einzelnen Organisationsbereiche. Die Zeittaktung der Marketingabteilung etwa war geprägt von Publikationsterminen und Redaktionsfristen, zu denen Texte und Publikationskonzepte erstellt werden mussten. Für die Projektteams hingegen waren Veranstaltungstermine und von außen gesetzte Deadlines die entscheidenden zeitlichen Ankerpunkte. Dementsprechend nahmen die Projektteams Zeit wiederum signifikant anders war, als in Geschäftsjahren denkende Akteure der kaufmännischen Abteilung. Temporäre Organisationen sind keineswegs ‚atemporal‘, wie es Bakker und Janowicz-Panjaitan (2009, S. 126 f.) behaupten. Im Gegenteil: Zu den ohnehin vorhandenen unterschiedlichen Zeittaktung kommen divergierende Befristungshorizonte hinzu. Auch ein Projektteam, das sich relativ schnell nach dem letzten Veranstaltungstermin auflöst, nimmt Zeit ganz anders wahr als ein Finanz-Controller, der die Organisation erst verlässt, wenn der letzte Jahresabschlussbericht verfasst wurde (vgl. Betz 2011).

Die Zeitstruktur der RUHR.2010 GmbH fügt sich aus den Wahrnehmungen der Personen aus den einzelnen Organisationsbereichen zusammen. In Anlehnung an Strauss et al. (1998) verstehen wir Organisationen als ‚negotiated orders‘, in denen vage oberflächliche Ziele einen komplizierten Prozess aus Verhandlungen, Konflikten, Geben und Nehmen zwischen den Organisationsmitgliedern verdecken. Dieser Aushandlungsprozess wurde innerhalb der RUHR.2010 GmbH zwischen vier Organisationslogiken ausgetragen, die auf bestimmte Repräsentationssysteme und deren Objektivationsformen (vgl. Maeder 2000, S. 688) zurückgreifen konnten und jeweils eine zeitliche Struktur aufweisen. Repräsentationssysteme beinhalten „gebrauchte Deutungsschemata und ihre kompetente Pragmatik in der Handlungssituation" (ebd., S. 686) bestimmter Gruppen innerhalb einer Organisation. Interviews und Gespräche mit den Mitarbeitern der RUHR.2010 GmbH zeigten, dass sich alle mit der je eigenen Perspektive in hohem Maße identifizierten und diese gegenüber anderen Bereichen auch vehement vertraten und verteidigten. Hierdurch traten im Vollzug des Organisierens regelmäßig Divergenzen, Verteilungs- und Aufmerksamkeitskonflikte auf. Die vier Bereiche waren in der Regel weiter unterteilt, so dass auch jeweils intern weitere Verteilungskonflikte ausgetragen wurden.

Auf der einen Seite standen die Organisationseinheiten, die die *kulturelle Produktion* des Events repräsentierten. Das waren die so genannten ‚künstlerischen

3.3 Organisieren in der pluralen Organisation

Teams'. Zwar setzte die RUHR.2010 GmbH – mit einigen Ausnahmen – Projekte tatsächlich gar nicht aktiv um, sondern agierte lediglich als Moderator und ‚Ermöglicher' von extern verankerten Projekten und als Sprachrohr der dort vorhandenen Interessen. Dennoch vertraten die künstlerischen Teams die Auffassung, dass ohne qualitativ hochwertige, kompetent betreute und entsprechend mit Ressourcen ausgestattete Projekte kein Programm und damit keine Kulturhauptstadt möglich seien. Dementsprechend forderten sie von den anderen Bereichen der Organisation (Marketing, Pressearbeit, Controlling, Justiziariat) Unterstützung für die Projekte ein. Interessanter Weise schienen die künstlerischen Teams damit tendenziell erfolgreicher zu sein, die dabei auf ein besonderes Renommee und überregionale Strahlkraft der Künstler oder Projekte in ihrem Bereich verweisen konnten. Obwohl dieses Repräsentationssystem eigentlich einer pluralistischen Vorgehensweise (der sich die RUHR.2010 GmbH tendenziell verpflichtet sah; vgl. Kap. 3.1) widersprach, wurde bei internen Präsentationen von Projekten dieser Aspekt besonders betont.

Die zweite ‚Fraktion' stritt zwar nicht ab, dass kulturelle Inhalte wichtig seien, argumentierte aber, dass die besten Projekte niemandem nützten, wenn sie nicht nach außen *kommuniziert und vermarktet* würden. Aus ihrer Sicht war es deshalb unabweisbar, mehr Ressourcen für Plakat- und Anzeigenkampagnen, Zeitungsbeilagen, Pressereisen, Pressekonferenzen, Internetauftritte und Programmbücher zur Verfügung zu stellen. Die Mitarbeiter dieser Abteilungen griffen auf klar quantifizierbare Größen zurück, um ihre Interessen durchzusetzen. Hierzu zählten insbesondere der so genannte ‚Mediawert' von Kampagnen[15] sowie die Anzahl an Seiten des täglich ausgewerteten Pressespiegels. Bereits hier wird deutlich, dass die einzelnen Bereiche nicht autark arbeiten konnten, sondern im Gegenteil in hohem Maße voneinander abhängig waren: Ohne Projekte gab es keinen Anlass, zu kommunizieren. Zugleich aber benötigten die Projekte zwingend die Kompetenz und das Engagement der Kommunikations-Abteilungen. Im Rahmen dieser wechselseitigen Abhängigkeiten gab es Auseinandersetzungen um die Prioritätensetzung. Sollten wegen verzögerter Finanzakquise Gelder aus den Projekten oder aber aus der Presseabteilung gesperrt werden? Sollten Projektmanager eingestellt werden, die von Seiten der künstlerischen Teams die Projektvermarktung unterstützen, oder sollten diese neuen Mitarbeiter im Marketingteam verankert werden? Neben direkten Verteilungskonflikten zwischen den Funktionsbereichen gab es Divergenzen bezüglich des Stellenwerts bestimmter Tätigkeiten: Sollte vor allem die Gesamtdramaturgie eines Groß-Ereignisses kommuniziert oder der Schwerpunkt auf die Einzelver-

---

[15] Um den Mediawert zu berechnen, wird der ‚Wert' der Wahrnehmung eines Werbeinstruments durch eine Person zugrunde gelegt, der dann mit der Auflagenzahl, der Einschaltquote bzw. dem Internetnutzerstrom des jeweiligen Werbeinstruments multipliziert wird.

Foto 6: Zeitungsbeilage in der Frankfurter Allgemeinen Zeitung über die Kulturhauptstadt RUHR.2010 GmbH. (Foto: Jürgen Huhn/TU Dortmund)

marktung von Projekten gelegt werden? Zudem divergierten die jeweiligen Rollenverständnisse: Sollte die Marketingabteilung gewissermaßen als Dienstleister und Berater der künstlerischen Teams in Marketingbelangen auftreten oder vielmehr, basierend auf den Projektinhalten, eigenständig Marketingstrategien entwickeln? Wer erledigte dabei gewissermaßen die ‚Drecksarbeit' – Texte schreiben, Fotos auswählen, Bildrechte einholen etc.?

Eine dritte Gruppe repräsentierte die *Interessen von externen Akteuren*, die – als Finanziers und Sponsoren, Gesellschafter, politisch oder gesellschaftlich wichtige Repräsentanten – Ansprüche an die Event-Organisation begründen konnten. Hierzu zählte etwa, vereinbarte Leistungen für Sponsoren zu berücksichtigen (etwa das Mitführen der ‚Sponsorenleiste' auch in extern erstellten Projektpublikationen, Reservierung von Platzkontingenten usw.), politische Repräsentanten und Gesellschafter (so genannte ‚VIPs') zu wichtigen Veranstaltungen persönlich einzuladen und gesondert zu betreuen oder auch, bestimmte Akteure bei der Projektauswahl nicht zu benachteiligen. Um die jeweiligen Interessen durchzusetzen, wurde hier entweder auf die Sponsoren- und Mittelakquise verwiesen, oder das Renommee einer Persönlichkeit betont. Später wurde zudem auf das Repräsentationssystem

3.3 Organisieren in der pluralen Organisation

vertraglicher Pflichten insbesondere gegenüber den Sponsoren hingewiesen. Auch hier lagen wieder gegenseitige Abhängigkeiten vor. Die Projekte waren abhängig von Sponsoreneinnahmen. Gleichwohl: Als Gegenleistung pauschal einen zweistelligen Prozentsatz der Sitzplätze in einem ohnehin kleinen Veranstaltungsraum zur Verfügung zu stellen und zudem zusätzlich zu den Projektsponsoren auch die Hauptsponsoren-Logos auf allen Publikationen mitzuführen, fiel so manchem Projektteam schwer. Welcher der ohnehin schon überbelasteten Projektmanager sollte zudem die Projekte betreuen, die zwar eigentlich niemand in der Organisation realisieren wollte, die aufgrund bestimmter Gründe (Bedingung eines Sponsoren, drohende Benachteiligung einer Konfession oder einer Stadt etc.) dennoch in das Programm aufgenommen worden waren?

Schließlich gab es die Bereiche der RUHR.2010 GmbH, deren Aufgabe darin bestand, all diese Aktivitäten *abzusichern*: Juristisch durch gesetzeskonforme und vorteilhafte Verträge und Auftragsvergaben, finanziell durch realistische Kalkulationen und die transparente Abrechnung. Dieses Aufgabengebiet barg besonders hohes Konfliktpotenzial, da es viel Zeit in Anspruch nahm und von vielen Mitarbeitern außerhalb der juristischen und kaufmännischen Abteilungen als äußerst lästig wahrgenommen wurde. Allerdings verfügten diese Abteilungen über starke Argumente, denn schließlich hatten sie das Gesetz auf ihrer Seite, und die Hinweise auf Finanzprüfungen durch den Rechnungshof oder die Gefahr einer möglichen Insolvenz der RUHR.2010 GmbH erzielten im Konfliktfall eine beträchtliche Wirkung.

Die Organisationseinheiten der RUHR.2010 GmbH waren nicht autark, sondern untereinander verwoben und eingebunden in die Zeitstruktur der Gesamtorganisation. Neben Konflikten über die Ressourcenverteilung konkurrierten die Organisationsmitglieder der unterschiedlichen Bereiche untereinander insbesondere um die jeweilige Aufmerksamkeit – also um Zeit – der anderen und waren dabei in hohem Maße abhängig voneinander. Ohne Projektbeschreibungen der künstlerischen Teams zum erforderlichen Zeitpunkt konnte die Marketingabteilung die Redaktionsfristen des Programmbuchs nicht erfüllen. Wenn die Presseabteilung nicht bereit war, zum richtigen Zeitpunkt eine qualitativ hochwertige Pressekonferenz zu organisieren, waren die Auslastung der Besucherkapazitäten und damit der Erfolg eines Projektes gefährdet. Reichten die Projektteams ihren Projektstatus nicht rechtzeitig ein, so hatte die Controlling-Abteilung keine Chance, einen aussagekräftigen Gesamtbericht zur nächsten Projektstatuskonferenz vorzubereiten. Jeder Mitarbeiter hatte seine – von außen festgesetzten oder selbst auferlegten – Termine und Fristen, verfügte dabei selbst über begrenzte Arbeitskapazitäten und war zudem von der knappen Aufmerksamkeit und der Prioritätensetzung anderer abhängig. Und so wurden beim Kampf aller um die Aufmerksamkeit der anderen und um die Durchsetzung der jeweils eigenen Zeitrhythmen und -taktungen mannigfaltige Mittel eingesetzt: Auf Teamsitzungen wurden die ‚Tränendrüsen' aktiviert, um dem Vorwurf an die Presseabteilung, die eigenen Projekte zu vernachlässigen, Nachdruck zu verleihen. Hierarchiestufen wurden umgangen, um ein Machtwort und eine Entscheidung des künstlerischen Direktors oder der Geschäftsführung zu erwirken. In den Fluren wurde gemauschelt, um Verbündete zu finden und Vorentscheidungen zu erzielen. Im Zweifel wurde ein Thema so oft und vehement vorgetragen, bis eine Entscheidung im Sinne der eigenen Interessen getroffen wurde.

3.3.4 Zur Trajektivität des Organisierens

Die Akteure der RUHR.2010 GmbH wurden in ihrem Arbeitsalltag ständig mit mehrdeutigen Situationen konfrontiert. Situationen mit Entscheidungsbedarf entstanden etwa zu Fragen der Organisationsentwicklung (Entlastung des bestehenden Personals durch Expansion versus Vermeiden einer überbordenden Organisation), der Finanzierung (Einwerben von Sponsorengeldern in Zeiten der grassierenden Immobilien-, Finanz- und Wirtschaftskrise), der Programmauswahl (hochkulturelle Prestigeprojekte versus regional verankerte dezentrale Projekte versus breitenkulturelle Massenprojekte etc.) oder der Projektsteuerung (etwa: Hohe Anforderungen des Projektcontrollings von Seiten der Bezirksregierung und des Rechnungshofes vsersus Kapazitätsknappheit und Überbürokratisierungsvorwurf durch Projektpartner).

Mehrdeutige Situationen stellen ‚Probleme' dar. Probleme sind Situationen, in denen alternative Handlungsmöglichkeiten vorliegen, ohne dass ‚entscheidende' Gründe für die Bevorzugung einer der Möglichkeiten vorhanden sind: Wissen, Vernunft, Konsens oder Norm determinieren nicht – das schildert auch ‚Johannes' –, wie zu handeln ist (vgl. Rüb 2006, S. 3). Situationen mit Entscheidungsbedarf entstehen insbesondere in Aushandlungssituationen, in denen Organisationsmitglieder entsprechend ihrer jeweiligen ‚Handlungslogik' argumentieren, in Anbetracht der für sich je verständlichen, aber als Ganzes nicht vereinbaren Interessendivergenzen eine rational erscheinende und begründbare Lösung allerdings nicht zu finden ist. Diesen Prozess der Entscheidungsfindung in kontingenten Situationen gilt es näher zu betrachten. Dabei gilt, dass Entscheidungen – im Sinne expliziter oder gar verschriftlichter Beschlüsse ebenso wie im Sinne impliziter Selektionen zwischen Handlungsalternativen, die lediglich retrospektiv reflektiert werden (können) – nicht aus einer universellen, sondern stets aus einer situativen und (inter-)subjektiven Rationalität resultieren (vgl. Pfadenhauer 2008, S. 27), die sich typischerweise in Interaktionen realisiert (vgl. Knoblauch 1997, S. 15), als kollektive Kopplung individueller Ziele, Situationswahrnehmungen und in Lernprozessen kumulierter Handlungsmuster.

3.3 Organisieren in der pluralen Organisation

Für solche Entscheidungsprozesse, in denen die Organisationsmitglieder die Behandlung von Problemen aushandeln, lassen sich bei der RUHR.2010 GmbH vier Stufen – oder ‚Entscheidungsmodi' – formulieren, die – mehr oder weniger explizit und oftmals ungesteuert – durchlaufen wurden. Der Entscheidungsprozess für ein Problem konnte dabei mehrere Bereiche innerhalb der Organisation befassen, etwa die regelmäßigen Sitzungen von Gremien (Geschäftsführerbesprechung, Marketingtreffen, ‚Jour-Fix Sponsoring' etc.), aber auch einmalige Treffen oder Gespräche sowie individuelle Prioritätensetzungen von Organisationsmitgliedern.

- Problemauswahlentscheidung: Zunächst wurde darüber entschieden, ob ein Problem von den Organisationsmitgliedern überhaupt als relevant angesehen und in der Organisation weiter prozessiert wird. Ein Problem, das von zwei Teilnehmerinnen der Geschäftsführerbesprechung über mehrere Wochen hinweg mehrmals an das Gremium herangetragen wurde, war die externe Bitte einer Delegation, eine Prioritätenliste mit den Programmhöhepunkten der Kulturhauptstadt zur Verfügung zu stellen. Die Behandlung dieser Bitte wurde in der Geschäftsführerbesprechung zunächst mit der Begründung zurückgewiesen, dass alle Projekte gleichrangig seien und jedes einzelne Projekt für die Organisation einen Höhepunkt für sich darstelle. Als die Bitte um eine Prioritätenliste von weiteren Akteuren widerholt wurde, revidierte das Gremium seine ursprüngliche Entscheidung und beschloss ‚zähneknirschend', sich mit dem Thema doch zu befassen.
- Kompetenzentscheidung: Wurde ein Problem – in der Regel ohne expliziten Beschluss, sondern durch die faktische Behandlung – als relevantes Problem angenommen, so wurde als nächstes darüber entschieden, wer über das Problem zu entscheiden hat. So konnte ein Gremium, ein Team oder eine Person sich für entscheidungskompetent halten und sich des Problems annehmen oder es an andere Bereiche der Organisation weiter geben. Die Aufgabe, eine Prioritätenliste zu erstellen, hätte zum Beispiel von der Geschäftsführerbesprechung an die Direktoren weitergeleitet werden können, in deren Kompetenz die inhaltliche Gestaltung des Programmes fiel.
- Verfahrensentscheidung: Hielten sich die Mitglieder eines Gremiums, die Anwesenden eines Treffens, ein Team oder eine Person für entscheidungskompetent und nahmen sich des Problems – in der Regel implizit – an, wurde nun darüber entschieden, wie weiter zu verfahren sei. Denn über ein Problem konnte entweder sofort entschieden, oder es konnten vorgelagerte Schritte beschlossen werden. Es ging also darum, zu entscheiden, wie ein Problem unter Einbezug welcher Akteure und welcher Informationen einer Entscheidung zugeführt werden sollte.

- Handlungsentscheidung: Schließlich folgte die eigentliche Entscheidung, die in konkrete Handlungen, manchmal auch in expliziten Handlungsbeschlüsse und -anweisungen mündete (also etwa die Entscheidung, doch eine vorliegende Liste mit 20 Projektterminen als Besuchsempfehlung an die anfragenden Delegationen zu verschicken).

In solchen Entscheidungsprozessen, in denen die Organisationsmitglieder zu bestimmten Anlässen Themen aufgriffen und Lösungen für Probleme vorschlugen, konnten Zeitmarker der Organisationseinheiten und Organisationsmitglieder aufeinander bezogen werden, konnte sich ein gesamtorganisatorischer Zeitrhythmus herauskristallisieren, konnten Entscheidungen getroffen und konnte aufeinander bezogenes Handeln ermöglicht werden. So wurde die Vielzahl an Interessen, Terminen, Fristen und Aufmerksamkeitsprioritäten gefiltert und die Komplexität reduziert. Es erfolgte ein ständiges gegenseitiges Umwerben, Necken, Streiten und wieder Versöhnen, stets mit dem Ziel, dass andere Akteure ihre Prioritäten so setzen, dass die eigenen Zeitrhythmen – wenigstens zeitweilig – befolgt wurden.

Zusammenfassend lässt sich konstatieren, dass die in der Kulturhauptstadt-Organisation handelnden Menschen ständig damit befasst waren, ihre Situation zu interpretierten. Dabei nahmen sie Probleme wahr und entwickelten ein Verständnis für ihre Position und ihre Ziele. Hieraus leiteten sie ihren subjektiv wahrgenommenen Zeitrhythmus ab, nach dem sie – im Abhängigkeitsgefüge mit ihren Kollegen – zu arbeiten und zu handeln versuchten. Durch das gemeinschaftliche Ringen um Aufmerksamkeit für die je eigene Zeitstruktur wurden die Handlungen der einzelnen Personen im Interaktionsprozess aufeinander bezogen – und so die Richtung und Geschwindigkeit der Arbeitsbögen (vgl. Strübing 2005, S. 212 f.) verändert. Auf diese Weise entstand interaktiv ein komplexes, intersubjektiv geteiltes, zeitliches Gefüge aus „Handeln, Erleben, Wahrnehmen und Erfahren" (Soeffner 1991, S. 12), das dann retrospektiv als Trajekt, als „the course of any experienced phenomenon as it evolves over time (…) and the actions and interactions contributing to its evolution" (Strauss 1993, S. 53 f.) beschrieben werden kann. In anderen Worten: Mit der Trajektivität des Organisierens meinen wir den Entscheidungsprozess im Zeitverlauf, in dem Mitglieder der verschiedenen Organisationslogiken zu ihnen opportun erscheinenden Gelegenheiten unter Hinzuziehung von in die Organisation einfließenden Problemen und Lösungen in mikropolitischen Spielen ihre Ressourceninteressen und Zeitrhythmen gegenüber den anderen Organisationsmitgliedern durchzusetzen versuchen.

3.3.5 Stabilität unterorganisierter Organisationen

Mit Blick auf konkurrierende Repräsentationssysteme, mikropolitisch ausgetragene Auseinandersetzungen, divergierende Interessen und geringe formale Strukturierung erweist sich die RUHR.2010 GmbH als ‚unterorganisierte Organisation', als ‚negotiated order' und als ‚organisierte Anarchie' (vgl. March und Olson 1976). Eine Formalisierung war seitens der Organisationsmitglieder zwar erwünscht, wie die Bemühungen etwa im Rahmen der Organisationsberatung zeigen. Aufgrund des rapiden Wachstums bei gleichzeitig chronisch knapper werdender Zeit war eine Formalisierung – im Sinne einer formal ausdifferenzierten Organisation – jedoch nicht möglich. Dennoch bestand keine ‚totale Anarchie', denn die Organisationsmitglieder waren handlungsfähig und verfügten über irgendeine Form des Zusammenhalts und der Struktur. Damit stellt sich die Frage, welche Merkmale der Organisation es möglich machten, zwischen den Interessen der unterschiedlichen Organisationseinheiten und den Zeittaktungen und Aufmerksamkeitsprioritäten innerhalb der Organisation zu vermitteln und zu verhindern, dass sich all diese Positionen gegenseitig blockierten und die Organisation angesichts der internen Differenzen zerfiel. Bei der RUHR.2010 GmbH konnten wir vier die Organisation stabilisierende Merkmale bzw. Strategien registrieren:

- Zunächst einmal wurde ein erheblicher Teil der Komplexität durch *Aufgabenexternalisierung* reduziert. Eine Eventagentur übernahm etwa die Verantwortung für das Großprojekt Still-Leben sowie für einen Teil der Sponsorenakquise. In Sponsoring-Verträgen wurden mit diversen Unternehmen Sachleistungen etwa im Bereich der Logistik und des Veranstaltungsmanagements vereinbart. Das Merchandising wurde genauso extern vergeben wie die inhaltliche Betreuung mehrerer Publikationen. Somit konnte die Bewältigung eines Teils der Aufgaben an Experten und in bereits bewährte Strukturen verlagert werden, um so Entscheidungskapazitäten für andere Probleme frei zu haben.
- Zweitens trug eine hohe *Identifikation und Motivation* der Mitarbeiter mit dem Gesamtprojekt Kulturhauptstadt zur Integration der Organisation bei: Die Juvenilität der Organisationsmitglieder brachte Pathos und Schwung in das weitestgehend ohnehin kulturaffine und kulturvertraute Team. Zwar war jeder davon überzeugt, der eigene Bereich sei essenziell für das Gelingen der Kulturhauptstadt als Gesamtprojekt. Niemand stritt jedoch – trotz divergierender Vorstellungen bezüglich der Gewichtung von Ressourcen oder der konkreten Ausgestaltung bestimmter Aufgaben – die prinzipielle Wichtigkeit der anderen Bereiche ab, sondern gestand im Gegenteil die wechselseitige Abhängigkeit aller Organisationseinheiten ein. Auch der von den Mitarbeitern wahrgenommene hohe Ein-

satz und die Motivation der Geschäftsführung für die Kulturhauptstadt wurde als Vorbild für das eigene Handeln bezeichnet. Somit gab es bei der RUHR.2010 GmbH zwischen den Organisationsbereichen nicht nur ein Zwangsverhandlungssystem (vgl. Mayntz und Scharpf 1995, S. 61 f.), sondern auch die Bereitschaft aller, tatsächlich in Verhandlung zu treten und einen Konsens zu erzielen. Die Organisation des Mega-Events erwies sich grosso modo als Ergebnis der Auseinandersetzung zwischen Mitarbeitern mit divergierenden Rationalitäten (die durchaus auch egoistisch motiviert sein konnten), die gleichwohl einte, dass sie das Ereignis als sie vor eine gemeinsame Aufgabe stellend betrachteten, welche sie (immer wieder) dazu animierte, nach Kompromissen zu suchen.

- Drittens konnte die *Destruktion organisationsinterner Grenzen* festgestellt werden. Zum einen geschah dies durch die einende und Grenzen überbrückende Kraft des gemeinsamen Feierns, die auch Reichertz (vgl. 2011, S. 291 f.) thematisiert: Interne Partys der RUHR.2010 GmbH – auf denen neben Buffets und Getränken unter anderem eine Tanzbühne zur Verfügung stand und von der Teamassistentin bis hin zum Geschäftsführer auch genutzt wurde – trugen mehrmals im Jahr wesentlich dazu bei, dass die Organisationsmitglieder näher zusammen rückten und dass das Kollektiv auf diese Weise integriert und stabilisiert wurde. Die kollektiven Feierlichkeiten trugen wesentlich dazu bei, dass sich innerhalb der Mitarbeiterschaft ein Zusammengehörigkeitsgefühl entwickeln konnte, das für die Sozialintegration der Organisation von großer Bedeutung war (näher zusammenrücken und sich praktisch helfen). So konnten zudem Hemmschwellen und die Anonymität innerhalb der Organisation abgebaut, hierarchische Verständnisse des Miteinanders reduziert und die Identifikation mit der Organisation weiter gestärkt werden. Nicht zuletzt konnte so auch über die Konflikte des Alltags hinweggesehen werden und so mancher als vormals ‚gordischer Knoten' erscheinende Konflikt durch ‚feierndes Entdramatisieren' gelockert und gelöst werden.
Destruiert wurden organisationsinterne Grenzen aber auch im Organisationsalltag während besonders fokussierter Anlässe. So war zu beobachten, dass etwa vor und während der Eröffnung im Januar und vor und während des Großereignisses ‚Still-Leben' die Organisationsstruktur weitestgehend aufgehoben und komplett neue – kurzfristige – Strukturen aufgebaut wurden. So konnte ein Mitarbeiter eines künstlerischen Teams während der Eröffnungsfeier für die Betreuung einer prominent besetzten Delegation zuständig sein oder ein Mitarbeiter des Controllings den Pressebereich während des ‚Still-Lebens' mit betreuen. Durch diese kurzen Interventionen wurden alltägliche Arbeitszusammenhänge kurzfristig destruiert und somit die Zusammenarbeit der Mitarbeiter untereinander und das gegenseitige Verständnis füreinander durch den

3.3 Organisieren in der pluralen Organisation

Foto 7: Teamsitzung der RUHR.2010 GmbH. Foto: Jürgen Huhn/TU Dortmund

Perspektivwechsel auch in die alltäglichen Konstellationen hinein erweitert. Einende und harmonisierende ebenso wie motivierende Funktion hatte zudem die wöchentlich stattfindende Teamsitzung, auf die auch dann nicht verzichtet wurde, als die Bürostühle und Hocker der angrenzenden Büroräume längst nicht mehr ausreichten, allen Mitarbeitern im großen Besprechungsraum einen Sitzplatz zu bieten. Hier konnte die Geschäftsführung das komplette Team ansprechen, wichtige Entscheidungen bekannt geben, Entwicklungen bewerten und teaminterne Konflikte thematisieren. Hier saßen alle zusammen ‚in einem Boot', freuten sich gemeinsam über erfolgreiche Projekte oder diskutierten über die Schwierigkeiten der Sponsoren-Akquise oder die Erlebnisse und Einschätzungen während der Loveparade in Duisburg.

- Viertens waren bei der RUHR.2010 GmbH trotz relativ gering vorhandener formaler Strukturen *stabilisierende ‚Segmente'* (‚pockets of order', vgl. Weick 2001, S. 52) in der Organisation vorhanden. Dazu zählten insbesondere die (gruppenförmigen) Organisationseinheiten, in denen face-to-face-Interaktion möglich war und die eine erhebliche Integrationsleistung neuer Mitarbeiter erbrachten. Stabilisierend wirkten zudem feste Beziehungen zwischen Individuen verschiedener Organisationseinheiten. Zu nennen sind zum einen die gewachsenen Beziehungen aus der Phase der Kulturhauptstadt-Vorbereitungen, als noch nicht so viele Mitarbeiter vorhanden waren, und hierbei insbesondere die starken und auch emotionalen Bindungen aus der Bewerbungsphase. Viele Mitarbeiter wechselten zudem ihre Position innerhalb der Organisation – insbesondere übernommene Praktikanten, deren Festanstellung meist in anderen Organisationseinheiten erfolgte. Durch diese organisationsinterne Fluktuation, ebenso wie durch die besagten Feiern und die temporäre Organisationauflösung vor Großereignissen, wurden stabile und belastbare Querverbindungen innerhalb der Organisation erzeugt, durch die über unbürokratische und direkte Wege Fragen besprochen und Entscheidungen vorbereitet werden konnten. Die Wirkung dieser ‚stabilisierenden Segmente' wurde auch von der Geschäftsführung erkannt, die mit der Zeit den Versuch der Organisationssteuerung im engeren Sinne reduzierte und die Segmente gewähren ließ. Diese Führungseinsicht hat erheblich zur Flexibilisierung der Organisation beigetragen.

Die Merkmale Identifikation und Motivation, Destruktion organisationsinterner Grenzen sowie die stabilisierenden Segmente (zusammen mit der Komplexität reduzierenden Externalisierungsstrategie) genügten, um in den diversen – zum Teil institutionell verankerten – Arenen (vgl. Soeffner 1991, S. 8 f.) die unterschiedlichen Interessen und Handlungen der verschiedenen Organisationslogiken aufeinander zu beziehen, die kontingenten Probleme einer Lösung zuzuführen, Entscheidungen zu fällen und so organisationales Handeln zu ermöglichen, ohne dass ständig von neuem Blockaden entstanden. So war trotz der unterschiedlichen Rationalitäten und trotz der Heterogenität der relativ schwach mit Normen, Werten und Routinen durchdrungenen Organisation gleichgerichtetes beziehungsweise jedenfalls ‚in die gleiche Richtung' weisendes Handeln möglich. Der Verlauf des Trajektes war weder steuer-, noch plan-, noch vorhersehbar, bekam so allerdings eine Richtung, die zumindest – wie auch immer geartete – Ergebnisse ermöglichte.

3.4 Steuerung komplexer Projekte

Die RUHR.2010 GmbH als Mega-Event-Organisation ist dadurch gekennzeichnet, dass sie – geprägt durch multiple Mehrdeutigkeiten – unter hohem Zeitdruck sehr schnell wuchs beziehungsweise wachsen musste. In zirkulären Prozessen aus Handeln, Reflektion, Lernen und Rollenanpassung gelang es den Mitarbeitern, trotz formaler ‚Unterorganisiertheit' der Organisation in dieser ihre Rollen zu finden, ihre Zusammenarbeit zu strukturieren und ihre zugedachte beziehungsweise wahrgenommene und interpretierte Aufgabe anzugehen. Aufgrund der Identifikation der

3.4 Steuerung komplexer Projekte

Mitarbeiter mit dem Gesamtprojekt – verstärkt etwa durch identitätsstiftende und die Gemeinschaft stabilisierende interne Feiern – gelang es zu verhindern, dass die mannigfaltigen internen Interessen und Vorstellungen zwischen den verschiedenen Organisationsbereichen in der zum Teil fast chaotisch anmutenden Organisation zu Blockaden führten. Jeder einzelne Akteur hat so den Verlauf des ‚Trajekts' der Kulturhauptstadt mit beeinflusst und zur Ausrichtung des Geschehens beigetragen.

Wenn allerdings schon die RUHR.2010 GmbH nicht zentral gesteuert werden konnte, so gilt dies erst recht und in besonderem Maße für das Umfeld der Organisation: für die kaum zu überblickenden Konstellationen von Akteuren des Groß-Ereignisses Kulturhauptstadt Europas RUHR.2010. Betrachtet man einige Fakten des Feldes der Kulturhauptstadt im Ruhrgebiet, dann treten dessen Dimensionen deutlich zu Tage: Die Region besteht aus 53 Kommunen, von denen jede einzelne über eine Vielzahl von Kulturinstitutionen und Kulturschaffenden verfügt (ca. 200 Museen, 120 Theater, 100 Konzertstätten, 250 Festivals und Feste etc.), die natürlich alle an dem Mega-Event beteiligt sein wollten. Die Kommunen teilen sich in vier Kreise und elf kreisfreie Städte auf, die wiederum in drei Regierungsbezirke und zwei Landschaftsverbände aufgeteilt sind. Nimmt man schließlich noch die territorialen Abgrenzungen etwa von Polizeibezirken, Diözesen, Bezirken der Industrie- und Handelskammern, Verkehrsunternehmen, Erscheinungsgebiete von Zeitungen – allesamt in irgend einer Form an der Kulturhauptstadt beteiligt – hinzu, erscheint der viel zitierte Begriff ‚Dschungel des Ruhrgebiets' (vgl. Goch 2004) in Anbetracht chaotisch anmutender institutioneller Abgrenzungen gerechtfertigt.

Die Vorstellung, (relativ) hierarchiefreie Konstellationen von Akteuren ‚plandeterminiert' steuern zu können, wurde insbesondere von der sozialwissenschaftlichen Netzwerkforschung seit den 1990er Jahren ad acta gelegt. In Anbetracht der Komplexität leuchtet ein, dass die Konstellation der Akteure „in ihren Bestandteilen und Wechselwirkungen nicht vollständig beobachtbar und daher auch die dortigen Ereignisverläufe und Aktivitäten nicht vollständig plan- und gestaltbar sind" (Sydow und Windeler 2000, S. 1). Ein Projekt von der Komplexität und Dimension wie der Kulturhauptstadt Europas RUHR.2010 verstehen wir dementsprechend als Miteinander, Gegeneinander, Ineinander und Durcheinander von gewollten *und* ungewollten, von bedachten *und* unbedachten, von erstrebten *und* widerfahrenen Effekten gestaltungsinteressierter Akteure (vgl. Hitzler 2011, S. 55).

Gleichwohl ist eine Organisation wie die RUHR.2010 GmbH, die im Zentrum der öffentlichen Aufmerksamkeit steht und mit deren Aktivitäten jeglicher Erfolg oder Misserfolg kausal verknüpft wurde und werden wird, in hohem Maße davon abhängig, dass dieses Miteinander, Gegeneinander, Ineinander und Durcheinander ‚irgendwie' stattfindet und angestoßen wird. Diese enge Verschränkung des eigenen Erfolges mit der Region und den Beiträgen der verschiedenartigen Akteure lässt es den Organisatoren als zwingend erforderlich erscheinen, den Verlauf der Kulturhauptstadt (zumindest ansatzweise) zu kontrollieren und die mannigfaltigen Interessen (möglichst) aller beteiligten Akteure zu bündeln.

Versteht man – in Anlehnung an Sydow und Windeler (vgl. 2000, S. 2) – unter ‚Steuerung' den Versuch, die Differenz zwischen einem sich abzeichnenden und einem erwünschten Zustand durch die gezielte Veränderung einer vorherrschenden Dynamik zu verringern, dann haben die Protagonisten der RUHR.2010 GmbH versucht, steuernd in die Konstellationen der Akteure einzugreifen. Obwohl während des Kulturhauptstadt-Jahres ‚jeder machte, was er wollte' und eine kaum überschaubare Zahl von oftmals kaum öffentlich wahrnehmbaren Projekten und Veranstaltungen feilgeboten wurde, waren die Kulturhauptstadt-Macher bemüht, einer Auswahl an Projekten als ‚offizielle Projekte' eine besondere Aufmerksamkeit zu ermöglichen und deren Integration zur ‚offiziellen Kulturhauptstadt' in der Außenwahrnehmung zu erwirken.

Zwei Formen von Steuerung können dabei idealtypisch unterschieden werden: *Formelle* Steuerung basiert auf hierarchischen und institutionell fest verankerten Herrschaftsordnungen sowie einem legalen Machtmonopol und wird als ‚Government' bezeichnet. *Informelle* Steuerung basiert auf Kooperation, Vertrauen, Selbstverpflichtungen und neoklassischen Verträgen in einem hierarchiefreien Netzwerk von Akteuren und wird als ‚Governance' bezeichnet (vgl. Blumenthal 2005; Sydow und Windeler 2000). Mit Blick auf solche Konstellationen stellt sich die Frage, wie Regelsysteme zwischen institutionell nicht miteinander verbundenen Akteuren gebildet, eingehalten und umgesetzt werden (vgl. Fürst 2004, S. 48; Benz und Fürst 2003, S. 24).

3.4.1 Konstellation der Kulturhauptstadt-Akteure

Netzwerke sind – mehr noch als Organisationen – keine statischen Gebilde. Sie entstehen, wachsen, verfestigen sich, bilden formalisierte Strukturen, geraten in Krisen und durchlaufen Wandlungsphasen und lösen sich ggf. mit der Zeit wieder auf. Ähnlich wie bei Organisationen (vgl. Kimberly 1980) ist es daher sinnvoll, den Zyklus vom Entstehen zum Vergehen eines Netzwerkes im zeitlichen Verlauf zu betrachten, um seine Entwicklung und die der Konstellation von Akteuren verstehen zu können.

Durch die – zumindest regionale – Einmaligkeit von Mega-Events kann deren Umsetzung in der Regel nicht innerhalb bestehender Netzwerke ausgehandelt und

3.4 Steuerung komplexer Projekte

organisiert werden.[16] Im Ruhrgebiet gab es zwar diverse Erfahrungen aus vergangenen Kooperationen – insbesondere aus der Zeit der IBA Emscherpark und der Kultur Ruhr GmbH (vgl. Scheytt 2006a). Dennoch gab es keine Organisation, die man mit der Kulturhauptstadt-Umsetzung hätte betrauen können. An der IBA Emscherpark oder im Rahmen der Tätigkeiten der Kultur Ruhr GmbH[17] waren zu beträchtlichen Teilen andere Akteure beteiligt als an der Kulturhauptstadt. Folglich mussten sich die an der Letzteren Beteiligten zusammen finden, sich vernetzen und ihre Zusammenarbeit in einer neuen und einmaligen Konstellation erhandeln.

In dieser *Initiierungsphase* war die Konstellation der Akteure noch ausgesprochen übersichtlich. Im Zentrum stand mit dem Bewerbungsbüro eine Gruppe von Personen, die stellvertretend für die sich engagierenden Institutionen die Chancen einer Kulturhauptstadt sondierten, erste Konzepte entwickelten und um Unterstützung insbesondere bei den Kommunen, in der Kulturszene sowie bei der regionalen Wirtschaft nachsuchten. Das Bewerbungsbüro setzte sich zusammen aus einem Moderator, einem Büroleiter und wenigen Mitarbeitern und verfügte über einen großen Spielraum. Lediglich die Verfahrensvorgaben von Land, Bund und EU mussten beachtet werden. Die anfallenden Arbeiten wurden insbesondere mit den Kulturdezernenten der initiierenden Städte Bochum und Essen (als potenziellen Bannerträgerinnen) sowie mit dem Regionalverband abgestimmt. Um das Bewerbungsbüro herum gruppierte sich eine wachsende Zahl von Bewerbungs-Unterstützern. Die beiden Kulturdezernenten der Städte Bochum und Essen sowie der Moderator der Bewerbung wurden regelmäßig in den Kommunen vorstellig, um die Idee der Kulturhauptstadt-Bewerbung zu präsentieren und für Zustimmung zu werben. Dergestalt wurde binnen kurzer Zeit der Bekanntheitsgrad des Projekts gesteigert. Zudem wurden Bewerbungskritiker (insbesondere die Verantwortlichen in den Städten Dortmund und Duisburg) in die Diskussion eingebunden und es wurde mit ihnen Stillschweigen vereinbart (s. Abb. 3.5).

In der gering formalisierten Initiierungsphase der Kulturhauptstadt ging es zunächst darum, in der Region um Zustimmung zur Bewerbungsidee zu werben und potentielle Unterstützer zu identifizieren und zu aktivieren. Entscheidend dabei war, eine positive Grundhaltung in der Öffentlichkeit sowie insbesondere in der

---

[16] Eine Ausnahme beschreibt Larson (vgl. 2009): Die Leichtathletik-Europameisterschaft im Jahr 2006 in Göteborg konnte mit den Organisationsstrukturen und in Zusammenarbeit mit den Akteuren umgesetzt werden, mit denen im Jahr 1995 bereits die Leichtathletik-Weltmeisterschaft organisiert worden war.

[17] Die Kultur Ruhr GmbH organisiert unter anderem das Theater-, Tanz-, Opern- und Musikfestival Ruhrtriennale und soll ab dem Jahr 2012 Projekte der Kulturhauptstadt RUHR.2010 weiter führen.

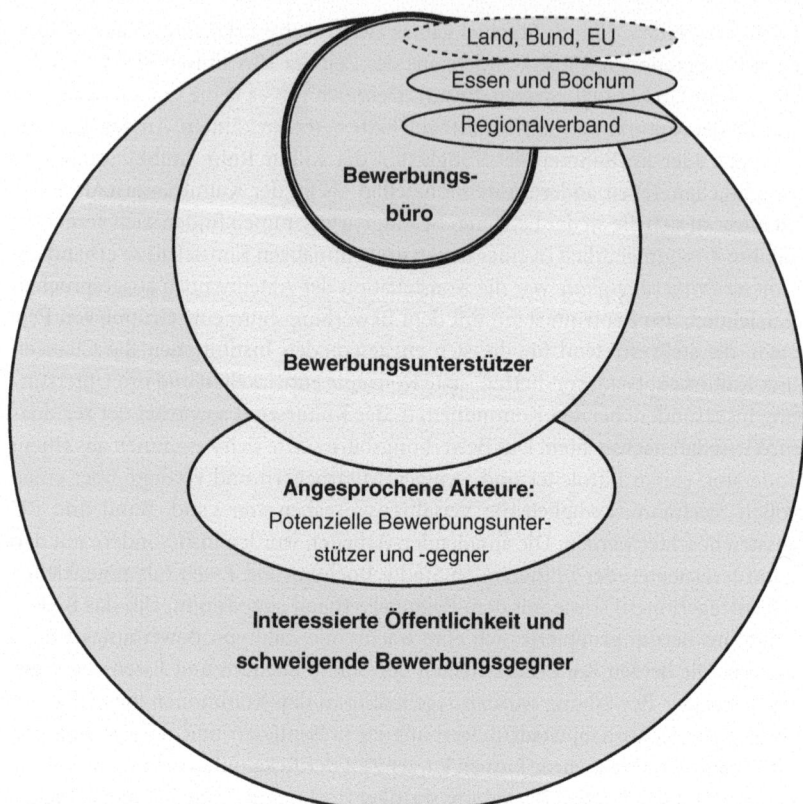

Abb. 3.5 Konstellation der Akteure in der Initiierungsphase

Kommunalpolitik zu erzeugen.[18] Außerdem mussten bereits erste inhaltliche und formale Entscheidungen etwa zu programmatischen Leitthemen und avisierten Projekten getroffen werden, auf die dann in der *Institutionalisierungsphase* aufgebaut werden konnte. Die anfängliche Bedeutung des persönlichen Engagements einzelner Akteure nahm in dieser Phase allmählich ab und ging in offiziell beschlossenes Engagement der hinter ihnen stehenden Organisationen über. Vormals

---

[18] Welche Folgen eine fehlende positive Grundhaltung in der Bevölkerung zu einem Mega-Event haben kann, zeigt Roth (vgl. 2000) anschaulich am Beispiel der Kulturstadt Europas Weimar 1999.

3.4 Steuerung komplexer Projekte

lose Kontakte verstetigten sich und aus ‚Befürwortern' wurden offiziell ‚Partner'. Mit dieser Formalisierung der Kontakte mussten immer mehr Personen in Entscheidungen einbezogen werden, was eine erhebliche Komplexitätssteigerung bedeutete – zumal das Feld der Beteiligten weiter offen für engagierte beziehungsweise engagementbereite Akteure blieb. Gleichwohl basierte diese Zusammenarbeit weiterhin ausschließlich auf intrinsischen Motivationen der Beteiligten und war noch nicht auf Vertragsverhältnisse gestützt: Wer sich engagierte, der durfte auch an Entscheidungen über die inhaltliche und formale Ausrichtung der Bewerbung mitwirken.

Auch wenn also weiterhin relativ informell entschieden wurde, hatte der Institutionalisierungs-Prozess zum Ziel, die inhaltlichen, formalen und finanziellen Rahmenbedingungen hin zur Vertragsreife vorzubereiten. Um das Bewerbungsbüro herum wurden zu diesem Zweck mehrere – noch locker koordinierte und offen arbeitende – Gremien aufgebaut. Der *Lenkungskreis* bestand aus den späteren Gesellschaftern der RUHR.2010 GmbH und agierte als zentrales Koordinierungs- und Entscheidungsgremium der Bewerbungsphase. Im *Koordinierungskreis* kamen noch weitere Akteure wie die Kultur Ruhr GmbH und die Ruhr Tourismus GmbH hinzu. Beide Gremien dienten (neben der ‚Beaufsichtigung' des Bewerbungsbüros) insbesondere der Erzeugung von Verbindlichkeit zwischen den beteiligten zentralen Akteuren. Eine Gruppe von ehrenamtlichen Mentoren aus der Kulturszene und aus der Politik beriet die ‚Verantwortlichen' der Kulturhauptstadt inhaltlich und vertrat sie insbesondere bei nationalen und internationalen Treffen. Auch das Vorgehen der Mitbewerber wurde intensiver beobachtet – insbesondere ab dem Zeitpunkt, als sich das Ruhrgebiet auf EU-Ebene in einer harten Konkurrenz mit der deutsch-polnischen Grenzstadt Görlitz befand. Den Medien, die die Kulturhauptstadt intensiv begleiteten, und den Touristikern wurde zunehmend Bedeutung beigemessen. Zudem wurde erstmals eine professionelle Agentur damit beauftragt, Publikationen zu betreuen, Kampagnen zu organisieren und die Bewerbungspräsentation mit vorzubereiten (s. Abb. 3.6).

Die Institutionalisierungsphase endete, wie erläutert, im Jahr 2006 mit dem Zuschlag für den Titel Kulturhauptstadt Europas 2010. Mit formalen Vereinbarungen der zentralen Akteure darüber, wie das Groß-Ereignis mit welchen Inhalten, unter Verwendung welcher Ressourcen und mit welchem organisatorischen Konstrukt umgesetzt werden sollte, wurde dann die *Umsetzungsphase* eingeleitet. Als zentrale Aufgabe für die fokale Organisation des Kulturhauptstadt-Netzwerkes erwies sich, das während der Bewerbung generierte und zugesagte Engagement der Kulturhauptstadt-Akteure verbindlich zu machen, um so zuverlässiges Handeln im Netzwerk zu ermöglichen. Insbesondere zu Beginn der Umsetzungsphase, als es darum ging, das inhaltliche Konzept auszuarbeiten und in konkrete Projekte um-

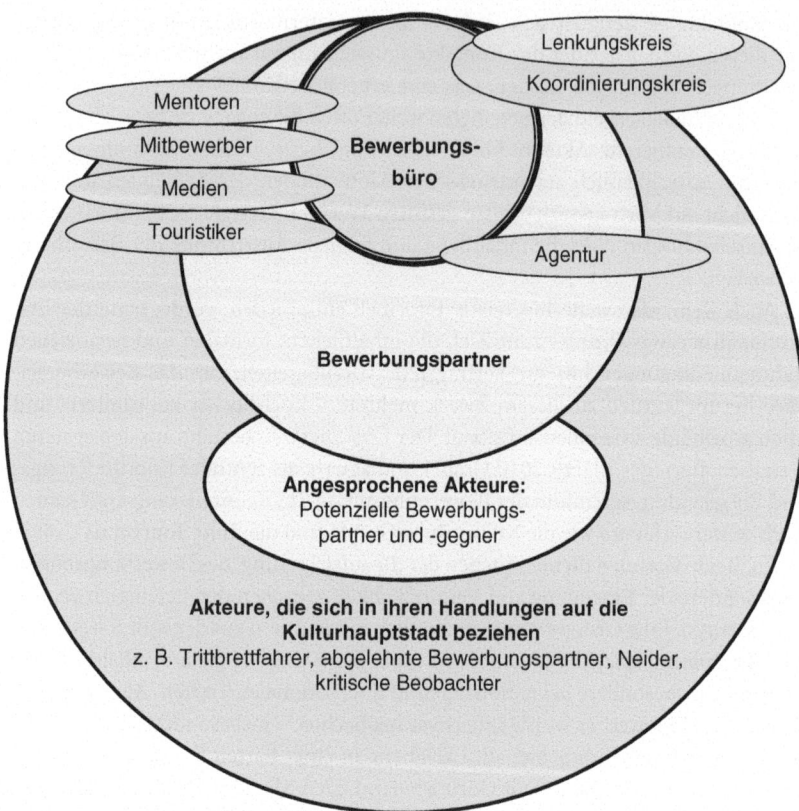

Abb. 3.6 Konstellation der Akteure in der Institutionalisierungsphase

zusetzen, kam es zu erheblichen Reibungsverlusten und Ernüchterungen unter den Akteuren. Allzu große Hoffnungen etwa auf den Zugriff auf Fördertöpfe oder auf eine schnelle inhaltliche Umsetzung ohne mühsame Aushandlungsprozesse erwiesen sich rasch als ‚Blütenträume'. Auch von den Partnern der nun gegründeten RUHR.2010 GmbH wurde unterschätzt, dass die Organisation zunächst mit sich selber und dem eigenen Aufbau beschäftigt sein würde und zudem durch ihr rapides Wachstum an Transparenz und direkten Zugriffsmöglichkeiten für die Partner der Region abnehmen würde. Hinzu kam, dass sich erst bei der konkreten Umsetzung zeigte, wie verschieden Vorstellungen und Interessen bezüglich der konkreten Umsetzung des Ereignisses doch waren (vgl. Kap. 3.1).

3.4 Steuerung komplexer Projekte

Um die Konstellation der Akteure trotz der immer spürbarer werdenden multiplen Divergenzen zu stabilisieren, war eine weitere Formalisierung und Ausdifferenzierung des Netzwerks aus Sicht der Verantwortlichen erforderlich. Die RUHR.2010 GmbH schloss zwischen ihrer Gründung (im Winter 2006/2007) und Oktober 2009 nach eigenen Angaben 2.668 Verträge ab. Bis Ende 2010 kam noch einmal die ungefähr gleiche Zahl hinzu; neben den üblichen Arbeits-, Berater- oder Dienstleistungsverträgen zählten dazu insbesondere Sponsorenverträge, Logonutzungsverträge und Projektverträge mit Akteuren des Netzwerks. Ein wichtiges Element zur Ausdifferenzierung des Netzwerks war die komplexe Logosystematik der RUHR.2010 GmbH. An deren Beispiel lässt sich zeigen, dass herkömmliche Ansätze der Organisationsabgrenzung zu ihrer Umwelt zumindest bei der Beschreibung der Kulturhauptstadt nicht greifen. Ältere Ansätze grenzen hier arbeitsrechtlich oder anhand der funktionalen Bestimmung bestimmter Personen ab. In neueren Definitionen wird die Grenze zwischen Organisation und ihrer Umwelt am Einfluss der Organisation auf das Verhalten und Handeln, anhand der Handlungserwartungen von Personen oder an Sinnstrukturen und am Komplexitätsgefälle festgemacht (vgl. Schreyögg 2008, S. 253 ff.). Die Kulturhauptstadt und das mit ihr befasste Netzwerk lässt sich allerdings nur schwer mit diesen Ansätzen fassen: Eine Vielzahl extern angestellter oder selbständiger Personen – von Beratern über freie Mitarbeiter bis hin zu Soziologen der TU Dortmund – gingen in der Organisation ein und aus, arbeiteten dort in eigenen Büros und nahmen über lange Zeiträume hinweg regulär an Teamsitzungen und Geschäftsführerbesprechungen teil. Durch Personalsponsoring und Mitarbeiterüberlassung verfügten Mitarbeiter zudem oftmals über mehrere organisationale Bezüge. Diverse Projektteams wurden mit Mitarbeitern von Projektpartnern besetzt, die allerdings in Räumen der RUHR.2010 GmbH arbeiteten und als Mitglieder des Teams behandelt wurden. Die nach üblichen Ansätzen zu ziehende Grenze zwischen Organisation und Umwelt stellte sich bei der Kulturhauptstadt als äußerst brüchig beziehungsweise fluide heraus. Unserer Einschätzung nach ist – zumindest von außen betrachtet – daher eine Grenzziehung nicht möglich. Und auch aus Sicht der Organisation war die Grenze zur Umwelt diffus oder wurde nach Bedarf interpretiert. So wurde nach der Katastrophe des offiziellen Kulturhauptstadt-Projektes Loveparade dessen operativ-organisatorische Unabhängigkeit betont, die organisatorisch ebenso unabhängigen städtischen Kulturhauptstadt-Beauftragten hingegen wurden als ‚Rückgrat der Organisation' bezeichnet. Statt hier zu versuchen, Grenzen zu ziehen, lässt sich die Konstellation der Kulturhauptstadt vielmehr als Kontinuum zwischen einem Organisationskern um die Geschäftsführung herum über eine stark formalisierte Anbindung bis hin zu einem losen Netzwerk an den Rändern der Akteurekonstellation beschreiben (s. Abb. 3.7).

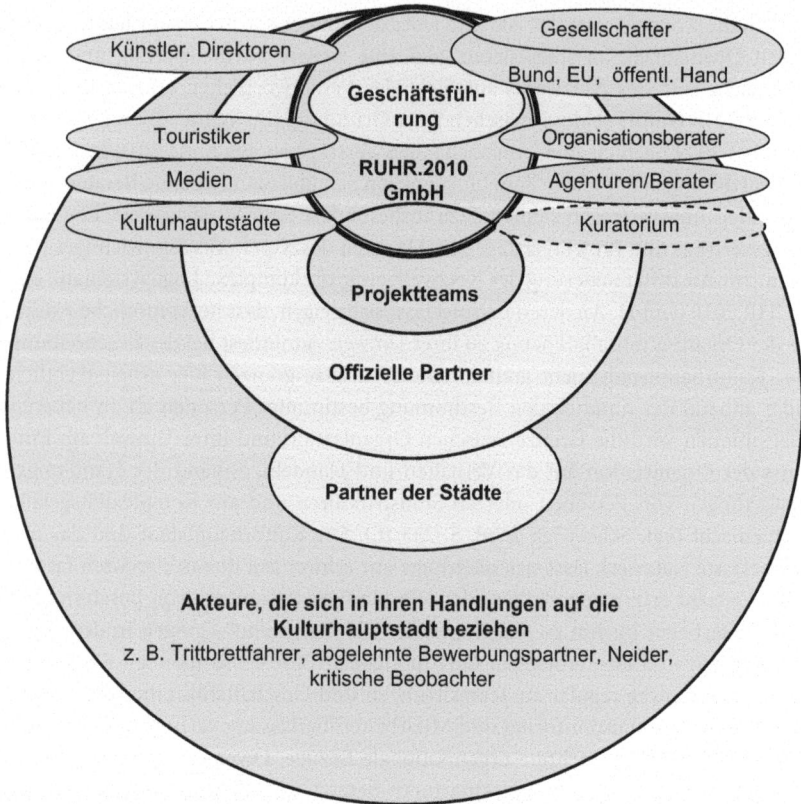

Abb. 3.7 Konstellation der Akteure in der Umsetzungsphase

Eine entscheidende Rolle bei der Steuerung der Kulturhauptstadt und der Förderung von Engagement in der Region spielte die erwähnte Logosystematik (s. Abb. 3.8). Eng an die RUHR.2010 GmbH gebunden waren zunächst die offiziellen Projekte der Kulturhauptstadt, für die nicht selten eigene Logos gestaltet wurden. Hier verfügte die RUHR.2010 GmbH zum Teil über explizite Mitentscheidungsrechte – insbesondere bei so genannten Koproduktions-Projekten mit finanzieller Beteiligung der RUHR.2010 GmbH. Über eine ebenso enge Anbindung wie die Projektteams verfügten die offiziellen Partner. Hierzu zählten insbesondere die Städte, die Partner in den Projekten, Sponsoren und Marketingpartner. Ihnen allen wurde das Recht zugesprochen, das Dachmarkenlogo zu nutzen und sich so zum einen nach außen als offizielle Partner zu positionieren, zum anderen Ansprüche an die Organisation zu begründen und einen Zugang in die Organisation und zur

3.4 Steuerung komplexer Projekte

Projekt-Logo des Projekts Schachtzeichen	
Dachmarken-Logo	
Städte-Logo der Stadt Essen	
Hauptsponsorenlogo von Haniel	
Community-Logo	

Abb. 3.8 Logosystematik der RUHR.2010 GmbH (vereinfacht)

Geschäftsführung zu erhalten. Über einen Sonderstatus – als Träger der Kulturhauptstadt – verfügten die Städte. Sie durften ein durch den Namen ihrer Stadt erweitertes Dachmarkenlogo ('Städtelogo') verwenden und eigenständig an Partner und Städte-Projekte vergeben. Für Sponsoren wiederum wurde eine mehrstufige und doppelzügige Sponsorensystematik geschaffen, die vom Hauptsponsorenlogo bis hin zum Projektpartner reichte. In der Peripherie des Event-Netzwerks schließlich befanden sich ausgesprochen heterogene Akteure, die sich ‚irgendwie' auf die Kulturhauptstadt bezogen: Zum Beispiel boten kommunale und private Akteure vermehrt Stadttouren ‚durch die Kulturhauptstadt' an; Einzelhandelsunternehmen dekorierten ihre Schaufenster (oftmals mit dem Förderturm der Zeche Zollverein als Symbol der Kulturhauptstadt); Verlage publizierten Reiseführer und historische Bücher ‚über die Kulturhauptstadt'; unzählige Lesungen, Vortragsreihen und Podiumsdiskussionen begleiteten außerhalb des offiziellen Programms die Kulturhauptstadt – und so weiter. All diese Akteure durften – nach formeller Einverständniserklärung bezüglich der Logolizenz über ein Internet-Formular – das so genannte ‚Community-Logo' verwenden und waren dergestalt symbolisch in das Netzwerk der Kulturhauptstadt-Akteure einbezogen.

Allmählich kristallisierte sich die Akteurekonstellation des Kulturhauptstadt-Netzwerkes heraus. Wie im Kap. 3.2 für die Strukturierung des Organisierens beschrieben, stand auch hier Handeln im Mittelpunkt: Wer handelte und sich engagierte und inkludiert wurde, der kam bei der Umsetzung der Kulturhauptstadt vor und war bei dessen Umsetzung durch die Faktizität des (Mit-)Handelns an Entscheidungen beteiligt. Mit der Zeit verringerte sich die Fluktuation, die Legitimität der fokalen Organisation verfestigte sich und somit auch ihr Freiraum, sich ihre Partner auszusuchen und durch die Auswahl der Akteure Einfluss auf die gesamte Konstellation zu nehmen. In der Umsetzungsphase der Kulturhauptstadt zeigte sich dies am deutlichsten anhand der Logo-Vergabe durch die RUHR.2010 GmbH (auf die wird nochmals zurückkommen werden).

3.4.2 Multiple Divergenzen

Eine kaum zu überblickende Zahl von Akteuren der Region beteiligte sich an den Projekten der Kulturhauptstadt und trug zu deren Umsetzung bei. Dies, obwohl sich solche Groß-Ereignisse nicht zwangsläufig als ‚Goldesel' herausstellen. Ganz im Gegenteil: An einem Groß-Ereignis beteiligt zu sein, bedeutet für die Akteure zunächst, finanzielle Risiken einzugehen und Investitionen zu tätigen. Zudem müssen diverse Differenzen zwischen den Akteuren ausgeräumt werden. Diese lassen sich in drei Kategorien fassen:

- Der erste Aspekt, über den im Zuge der Programmentwicklung gestritten wurde, war die Verteilung der finanziellen Ressourcen. Jeder Akteur war daran interessiert, aus seiner Beteiligung an der Kulturhauptstadt möglichst auch einen direkten monetären Vorteil zu ziehen. Dabei ging es nicht nur um die finanzielle Förderung von Projekten, sondern auch um das Recht zur Sponsorenaquise. Da die Zahl der potentiellen Sponsoren in der Region – insbesondere in Zeiten der Wirtschafts- und Finanzkrise – überschaubar war, konkurrierten die Kulturhauptstadt-Organisation, die Städte und die verschiedenen Einzelprojekte um die Gunst von relativ wenigen Geldgebern. Umstritten war auch die Frage,

3.4 Steuerung komplexer Projekte

wie das vorhandene Budget sowie eingeworbene Subventionen aufgeteilt werden sollten und für welche Zwecke dieses von der RUHR.2010 GmbH zentral verwaltete Geld verwendet werden sollte.[19] Oftmals war bei den Projektautoren auch eine opportunistische Argumentation zu beobachten, die einer ‚Geldvermehrungslogik' zu folgen schien: In Zeiten, in denen Projekte ausgewählt wurden, riefen Partner mit Verweis auf die notwendige Qualität laut nach ‚mehr Geld für Projekte' statt für Marketingaktivitäten, um einige Monate später im Rahmen von Marketingverhandlungen mit geradezu panischem Unterton ‚mehr Geld für die Vermarktung' der ansonsten zum Scheitern verurteilten hochwertigen Projekte einzufordern. Es ging zudem um die Frage der indirekten Finanzierung: Ob einem Projekt das Dachmarkenlogo oder ‚lediglich' das Städtelogo zuerkannt wurde, konnte darüber entscheiden, ob sich ein Projekt auf dem finanziell stets knapp bemessenen Kulturförderungsmarkt behaupten und welchen Stellenwert es innerhalb der regionalen Kulturlandschaft einnehmen würde. Neben den Akteuren, die um die Verteilung der Event-Ressourcen stritten, gab es zudem Fundamentalkritiker, die mit Verweis auf die Schlaglöcher in den Straßen und die maroden Schulen im Land die finanzielle Förderung einer Kulturhauptstadt generell ablehnten.

- Neben der Finanzierung wurde die organisationale Verankerung von Aufgaben ausgehandelt. Bei der entsprechenden Festlegung der Arbeitsteilung ging es beispielsweise um folgende Fragen: Wird eine Publikation an wenige zentrale Stellen geliefert (etwa an die Kreise und kreisfreien Städte), die in Eigenregie die Distribution organisieren müssen, oder übernimmt auch dies die fokale Organisation? Werden Marketing- und Pressetexte durch die Projektpartner verfasst, oder geschieht dies durch die Mitarbeiter der RUHR.2010-Presseabteilung? Welche Anforderungen müssen bei Finanzierungsplänen und Verträgen von den Projektpartnern erfüllt werden?
- Drittens wurde um programmatische Aspekte gestritten. Zu den entscheidenden Fragen gehörte dabei: Wird ein Projekt in das offizielle Programm aufgenommen? Nach welchen Kriterien werden Projekte ausgewählt? Wird ein Programmschwerpunkt Kreativwirtschaft installiert? Wird bei der Vermarktung mit dem hochkulturellen Bestand geworben oder eher mit den ‚Ecken und Kanten' der Region?[20]

Diese drei Entscheidungsfelder bergen Potential für Divergenzen vielfältiger Art und sind mehr oder weniger eng miteinander verwoben. Die Projektauswahl mag

---

[19] Strukturprogramme werden wegen der ‚Umlenkung' knapp bleibender öffentlicher Strukturfördermittel in der Stadtsoziologie häufig als ‚Subventionsumlenkungsmaschinen' bezeichnet (vgl. Siebel und Häußermann 1993).

[20] Der Aspekt divergierender inhaltlicher Vorstellungen wird im vierten Kapitel ausführlicher betrachtet.

programmatisch begründet worden sein, hatte aber Auswirkungen auf die Finanzierung. Ebenso konnten mit der Übernahme organisatorischer Verantwortung eine Schwerpunktverschiebung des Budgets und inhaltliche Mitsprache legitimiert werden.

Die zentrale Aufgabe der RUHR.2010 GmbH bestand darin, eine Balance zwischen den Ansprüchen der unterschiedlichen Akteure zumindest soweit herzustellen, dass – trotz unvermeidbarer Erwartungsenttäuschungen – möglichst wenige Blockaden und Austritte aus dem Event-Netzwerk entstanden. Oliver Scheytt, Geschäftsführer der RUHR.2010 GmbH, nannte dies trefflich das ‚Management of Disappointment'. Neben dem Versuch, Entscheidungen öffentlich sowie gegenüber den nicht bedachten Akteuren zu plausibilisieren, gehörte hierzu, eine Balance zwischen den diversen Gruppen von Akteuren herzustellen. Die RUHR.2010 GmbH wog viele Entscheidungen unter diesem Gesichtspunkt ab. So wurde beispielsweise darauf geachtet, dass Konfessionen und Kultursparten nicht benachteiligt und räumliche Ungleichgewichte vermieden wurden.

3.4.3 Handlungskoordination hierarchiefreier Netzwerke

Wie war es möglich, dass trotz fehlender hierarchischer Strukturen und trotz unumgänglicher Enttäuschungen aufgrund begrenzter Ressourcen sowie zum Teil negativer Grundstimmung in der Region so viele Akteure aktiv blieben, und dass die RUHR.2010 GmbH zumindest in gewissem Maße auch steuernd eingreifen konnte? Wie wurde die Balance zwischen den Akteuren im Event-Netzwerk bewahrt? Wie wurde das Netzwerk im Detail gesteuert und wie wurde Handeln und Engagement in der Region im Sinne der ‚verantwortlichen' Organisatoren sichergestellt?

Eine formelle Steuerung aller Aspekte (inhaltlich, qualitativ, rechtlich, formell etc.) komplexer Projekte wie der an einer pluralistischen Vorgehensweise angelegten (vgl. Kap. 3.1) Kulturhauptstadt Europas RUHR.2010 ist in Anbetracht der komplexen Konstellation von Akteuren nicht möglich. Dennoch musste die Event-Organisation über ein gewisses Maß an Kontrolle verfügen. Sie stand von Beginn an unter medialer Beobachtung und war hohem Erwartungsdruck ausgesetzt. Der Erfolg der Organisation wurde oftmals überaus kritisch diskutiert, wobei die RUHR.2010 GmbH durch die Unterfütterung ihrer Tätigkeitsberichte mit Zahlen wie der Veranstaltungsauslastung, dem Medienspiegel und dem regionalen Touristenaufkommen oder mit Aussagen über die künstlerische Qualität der Projekte das öffentliche Bild zu beeinflussen suchte. Der RUHR.2010 GmbH ‚musste' es gelingen, den ‚Sack Flöhe' (als der die an dem Event-Netzwerk beteiligten Akteure insgesamt oft wahrgenommen wurden) ansatzweise zu zähmen und die darin

3.4 Steuerung komplexer Projekte

befindlichen Flöhe – wenn schon nicht zum Gleichschritt – wenigstens zu einer gemeinsamen Laufrichtung zu bewegen.

Die RUHR.2010 GmbH war zwar der zentrale Akteur eines (pluralistisch angelegten) Netzwerks, zugleich war sie jedoch hochgradig von den übrigen Akteuren dieses Netzes abhängig, denn die eigentliche kulturelle ‚Produktion' der Projekte geschah nahezu ausschließlich durch Partner außerhalb der Organisation. Ohne die ausführenden Partner hätte es im Ruhrgebiet kein einziges Projekt und somit keine Kulturhauptstadt geben können. Hinzu kommt, dass die fokale Organisation weder von ihrer Kapazität, noch von ihrem Know-How und ihrer Vernetzung her in eigener Regie ein Programm hätte auf die Beine stellen können. Eine Kulturhauptstadt zeichnet sich dadurch aus, dass jede zur Vorbereitung notwendige Maßnahme in jedem einzelnen Projekt nahezu gleichzeitig anfällt. Alle 300 ausgewählten Projekte mussten ungefähr zur gleichen Zeit ihre Finanzierung sicherstellen; alle 300 Projekte mussten parallel ihre Vermarktung und Öffentlichkeitsarbeit planen; die Festlegung von Terminen, Veranstaltungsorten und beteiligten Künstlern musste in allen 300 Projekten fast zum selben Zeitpunkt erfolgen und so weiter und so fort. Dies führte zu einer parallelen Verdichtung des jeweiligen Arbeitsaufwandes, die dadurch noch weiter verschärft wurde, dass der zeitliche Verlauf des Arbeitsaufwands jedes einzelnen Projekts einer nach rechts gekrümmten Gauß'schen Normalverteilung glich: In jedem der 300 Projekte lagen die arbeitsintensivsten Phasen – in der Regel in den Wochen vor einer Premiere oder Eröffnung – im selben Zeitraum. Da alle 300 Projekte innerhalb des einen Jahres stattfanden, kumulierte der Arbeitsdruck zu einem andauernden und durch die eine Organisation kaum zu bewältigenden Ausnahmezustand. Die RUHR.2010 GmbH war also insbesondere für die operative Umsetzung des Programms in hohem Maße abhängig vom Engagement Dritter.

Bei der RUHR.2010 GmbH waren die Außenkontakte zu den verschiedenen Gruppen von Akteuren unter den Organisationseinheiten auf operativer Ebene nach Funktionen aufgeteilt: (potenzielle) Sponsoren waren der Sponsoringabteilung zugewiesen, Medien und Marketingpartner den Abteilungen Presse und Marketing, Projektteams und Projektpartner kommunizierten hauptsächlich mit den künstlerischen Teams, Partner außerhalb der Region (im umfassenden Sinne) mit der internationalen Abteilung. Die Geschäftsführung und die Programmkoordination der RUHR.2010 GmbH schließlich waren die in der Außenkommunikation maßgeblichen Akteure, die bei schwierigen Verhandlungen oder bei Gesprächen auf höherer Ebene eingeschaltet wurden – etwa bei Gesprächen mit Ministerien, Stiftungen oder Unternehmensleitungen. In all diesen Bereichen wurde die netzwerkförmige Interaktion unterschiedlich institutionalisiert: Sponsoren wurden zwei Mal jährlich zum so genannten ‚Partnerbeirat' eingeladen, bei dem aktuelle Entwicklungen vorgestellt und diskutiert wurden. Auf Ebene der Öffentlichkeitsarbeit gab es – neben den mehrmals wöchentlich stattfindenden Projekt-Pressekonferenzen – regelmäßig Gelegenheiten, die Medien über Städte, Sparten und die Region hinaus anzusprechen: so bei der Vorstellung der Programmbücher, bei den Pressekonferenzen vor den großen Events (Eröffnung, Schachtzeichen, Stillleben, !Sing und Abschluss) oder bei den beiden (Zwischen-)Bilanzpressekonferenzen im Juli und Dezember 2010. Die Projektpartner wurden drei Mal zu ‚Projektautoren-Treffen' eingeladen (Neujahrsempfang 2009, Projektautorentreffen im Winter 2010 sowie bei der Zwischenbilanz im Sommer 2010), wobei hier die Vernetzung im eigentlichen Sinne auf Grund der schieren Masse an Projektpartnern nicht möglich war. Zu diesen zentral organisierten Vernetzungsanlässen kamen eine Vielzahl weiterer dezentraler Treffen hinzu: wie Treffen aller Kunstmuseen oder Volkshochschulen zum Ausloten möglicher Kooperationsprojekte, Treffen aller Bewerberstädte zur Kulturhauptstadt 2010, Treffen aller Tourismuspartner in den fünf touristischen ‚Arealen'.[21]

RUHR.2010 GmbH und die Einbindung der Städte

Zu den zentralen selbstdefinierten Aufgaben der RUHR.2010 GmbH gehörte die Einbeziehung aller 53 Kommunen des Ruhrgebiets in die Realisierung der Kulturhauptstadt und die Integration in die proklamierte ‚Metropole Ruhr'. Schon deshalb, vor allem aber wegen der zentralen Bedeutung der Städte bei der operativen Umsetzung der Projekte durch die Kulturämter und kommunalen Kultureinrichtungen, Marketing- und Tourismusgesellschaften kommt deren Einbindung in die Vorbereitungen der Kulturhauptstadt besondere Bedeutung zu.

Neben Großstädten wie Bochum, Essen, Dortmund und Duisburg oder Mittelstädten wie Recklinghausen, Hamm und Herne, die zum Teil aufgrund ihrer einschlägigen Aktivitäten bereits vor der Kulturhauptstadt über eine gewisse (über-)regionale kulturelle Prominenz verfügten, finden sich zahlreiche kleinere und/oder geografisch randständige Städte wie etwa Breckerfeld, Sprockhövel oder Wesel, deren Zugehörigkeit zum Ruhrgebiet selbst innerhalb dieser Region nicht allgemein bekannt gewesen sein dürfte. Auch wenn infolge der Entscheidung des Landtags von NRW jeder Kommune des Ruhrgebiets für die Beteiligung am Kulturhauptstadtprogramm zwei Euro je Einwohner zur Verfügung zu stellen, allerorten eine gewisse ‚Mindestausstattung' vorhanden war, unterschieden sich die Städte doch erheblich in Bezug auf die ihnen zur Verfügung stehenden Ressourcen, die verfolg-

---

[21] Mit dem Ziel, die komplexe und zergliederte Region für Touristen zugänglicher zu machen, wurden im Rahmen eines kulturtouristischen Begleitkonzepts fünf Portalstädte festgelegt, die mit Besucherzentren ausgestattet wurden und von denen aus Besucher der Region jeweils einen Teil der Region (‚Areal') erschließen sollten. Die Portalstädte sind Duisburg, Oberhausen, Essen, Bochum und Dortmund.

3.4 Steuerung komplexer Projekte

ten Strategien und die Erwartungen. Eine grobe Unterscheidung lässt sich dabei treffen zwischen denjenigen Kommunen, in denen ‚Kultur' *auch* in ihrer Funktion als Faktor der Standort- und der Imageentwicklung begriffen wurde, und denjenigen, deren Entscheidungsträgern derartige strategische Überlegungen eher fremd waren. Diese Differenzierung korrespondierte jedoch nicht durchgängig mit der Größe und der Ressourcenstärke der Städte. So wie es mittelgroße Städte gab, in denen der strategische Stellenwert von ‚Kultur' sehr bedacht zu nutzen gesucht wurde, so gab es auch große Städte, in denen den Profilierungschancen im Rahmen einer Kulturhauptstadt (zunächst) keine große Bedeutung zugemessen worden war. Allerdings hat sich hier im Zeitverlauf ein Handlungsdruck aufgebaut, der der interkommunalen Konkurrenzsituation geschuldet war. Je näher der ‚Startschuss' zum Kulturhauptstadtjahr rückte, umso deutlicher zeichnete sich ab, mit welchem Programm die einzelnen Städte an den Start geschickt werden sollten. Und da man nicht hinter den Angeboten der Nachbarstädte zurückbleiben wollte, entwickelte sich eine Art von ‚Wettrüsten' zwischen den Kommunen, das nicht zuletzt von der Presse befeuert wurde.

Deutliche Unterschiede zeigten sich auch in der Form, in der in den Kommunen die Kulturhauptstadtaktivitäten jeweils organisiert wurden. Zum Teil wurden sogenannte Kulturhauptstadt-Büros gegründet, die meist ausschließlich mit der Organisation der städtischen Kulturhauptstadtaktivitäten beschäftigt waren. Allerdings konnten bei der personellen Besetzung dieser Organisationseinheiten, die quasi die Rolle einer temporären Organisation innerhalb des Verwaltungsapparats einnahmen, aus finanziellen Gründen in der Regel keine Neueinstellungen vorgenommen werden. Deshalb wurde meist auf Mitarbeiter aus den Kulturdezernaten zurückgegriffen. Vor allem in kleineren Gemeinden wurde die Organisationsarbeit für die Kulturhauptstadt dagegen in der Regel als zusätzliche Aufgabe an Mitarbeiter der Kommunalverwaltung vergeben. Diese Mitarbeiter saßen dann meist in den jeweiligen Kulturämtern. Dieses Ressort war auch das bevorzugte Rekrutierungsfeld für die sogenannten Kulturhauptstadtbeauftragten der Städte, die sich an der Schnittstelle zur RUHR.2010 GmbH befanden und als Ansprechpartner für Fragen der Kulturhauptstadt fungierten. Nur in wenigen Fällen wurde der Kulturhauptstadtbeauftragte nicht aus einem städtischen Kulturamt rekrutiert. Diese Ausnahmen basierten auf der Annahme, dass ein kulturressortfremder Akteur den Informationsfluss zwischen *allen* städtischen Verwaltungseinheiten besser gewährleisten könne.

Die Zusammenarbeit zwischen der RUHR.2010 GmbH und den kulturellen Verwaltungseinheiten der Städte und Gemeinden des Ruhrgebiets wurde von den städtischen Beschäftigten zwar überwiegend positiv beurteilt. Gleichwohl wurden Divergenzen sichtbar. Die zeitlichen Orientierungen, die vielfach die Arbeit in der temporären Organisation RUHR.2010 GmbH prägten (vgl. Kap. 3.3), waren, so scheint es, nicht durchgängig kompatibel mit den Verwaltungsroutinen und Zeithorizonten der städtischen Behörden. Besonders kurzfristige Anfragen und Anforderungen der RUHR.2010 GmbH mit engen Abgabeterminen stießen in den Städten nicht selten auf Unverständnis. Ebenso provozierten gerade die hohen formalen Anforderungen der RUHR.2010 GmbH beim Vergabewesen und bei der Mittelbewirtschaftung der Kulturhauptstadt-Projekte heftige Kritik bei den kommunalen Beschäftigten (,bürokratischer Dschungel'). Betrachtet man die Organisationsstruktur der RUHR.2010 GmbH, dann fällt bei der Frage der systematischen Einbindung der Städte und deren Kulturverwaltungen eine Leerstelle auf, die nicht recht zu ihrer Orientierung an einem pluralistischen Event-Modell zu passen scheint: Die Beauftragten der Städte hatten – neben dem gelegentlich intern als ,Libero' bezeichneten, in der Region stark vernetzten aber ebenso überlasteten Programmkoordinator – keine klar zugewiesenen Ansprechpartner. Anders als die anderen Gruppen von Akteuren mussten die Vertreter der Städte je nach Thema mit unterschiedlichen Personen und Abteilungen innerhalb der Organisation kommunizieren und verloren gelegentlich den Überblick über die Verteilung der Zuständigkeiten innerhalb der RUHR.2010 GmbH. Die Verbindung zu den Städten sollte durch die frühe Etablierung eines Gremiums gewährleistet werden, in dessen Rahmen alle zwei Monate Treffen mit den Kulturhauptstadtbeauftragten der Kommunen[22] stattfanden.

Diese Zusammenkünfte hatten für die Planung und Durchführung des Kulturhauptstadtjahres fraglos wichtige Funktionen. Sie dienten einerseits der Mobilisierung der beteiligten Städte und Gemeinden und stellten für die RUHR.2010 GmbH einen wichtigen Informationskanal zu den Städten dar. Zugleich diente das Treffen der Kulturhauptstadtbeauftragten als Forum für informelle Gespräche zwischen diesen, die dem wechselseitigen Erfahrungsaustausch und der Vertrauensbildung dienten. Der formelle Teil der Treffen war allerdings lange Zeit durch einseitige Kommunikationsprozesse gekennzeichnet, bei denen Vertreter der RUHR.2010 GmbH bevorzugt als ,Sender' auftraten und die Kulturhauptstadtbeauftragten in der Hauptsache als ,Empfänger' fungierten. Hinter vorgehaltener Hand wurde diese Art der Ansprache von dem einen oder anderen Teilnehmer als ,Verkündungsmesse' ironisiert. In späteren Phasen nahm die Kommunikation aber zunehmend interaktive Züge an. Die RUHR.2010 GmbH war während des Verlaufs des Kulturhauptstadtjahres zunehmend an Rückmeldungen aus den Städten und Gemeinden interessiert. Im Gegenzug nutzte sie diese soziale Situation dazu, den Beauftragten Anerkennung für deren Arbeit auszudrücken. Aufgrund der relativ hohen Teilnehmerzahl (meist mehr als 40 Personen) nahm die Veranstaltung zwar nie die

---

[22] Zu diesen Treffen wurden neben Vertretern von Verbänden und gesellschaftlichen Gruppen wie den Kirchen später auch Vertreter von Stadtmarketinggesellschaften, Verkehrs- und Tourismusorganisationen eingeladen.

Form eines Diskussionsforums an, gleichwohl wurden gelegentlich einzelne organisatorische Probleme debattiert, die den Anwesenden auf den Nägeln brannten. Schließlich wurde von vielen Beteiligten das Interesse geäußert, auch nach dem Ende des Kulturhauptstadtjahres dieses Gremium am Leben zu erhalten, um die geknüpften Kontakte zu verstetigen.[23] Diese Bekundungen unterstreichen die Bedeutung der Etablierung von interkommunalen Kommunikationsmöglichkeiten zwischen Akteuren der kommunalen Verwaltungsebene als Voraussetzung und Ergebnis einer pluralistisch orientierten Planung und Umsetzung eines Kulturhauptstadtprogramms.

Steuerung durch Exklusivität

All diese größeren und kleineren, teils mehr teils weniger erfolgreichen Teil-Netzwerke hatten eine wichtige integrative Funktion für das Event-Netzwerk als Ganzes und für die Kommunikation zwischen den Akteuren. Das reichte jedoch nicht aus, um zu gewährleisten, dass die fokale Organisation im hierarchiefreien Netzwerk und ohne verfügbare Zwangsmittel Engagement in der Region hervorzurufen vermochte und steuernd die Handlungen der regionalen Akteure beeinflussen konnte. Der RUHR.2010 GmbH blieb – bei knappen Ressourcen – lediglich die Möglichkeit, die Akteure hinsichtlich ihrer jeweiligen Eigeninteressen anzusprechen. Die Event-Organisation musste also dafür sorgen, dass die Akteure der Region durch ihr Engagement im Rahmen der Kulturhauptstadt einen Vorteil im Konkurrenzkampf um Aufmerksamkeit erwarten konnten (vgl. Prisching 2011). Die beschriebenen Institutionalisierungsphasen des Netzwerks aufgreifend lassen sich für die RUHR.2010 vier Phasen einer (vom Bewerbungsbüro und der Umsetzungsorganisation mit erzeugten) ‚Fieberkurve' unterscheiden, wobei sich die ‚Umsetzungsphase' (vgl. Kap. 3.4.1) unterteilen lässt (s. Abb. 3.9).

In der *Schub-Phase* warben die Mitglieder des Bewerbungsbüros massiv für die Idee der Kulturhauptstadt. Die Auswahlentscheidungen der jeweiligen Jurys auf Landes-, Bundes- und EU-Ebene orientierten sich stark daran, inwieweit es den Bewerberstädten gelang, den Nachweis ausreichender regionaler Unterstützung zu erbringen. Wie geschildert erfolgten in dieser Zeit unzählige Gespräche insbesondere des ersten Moderators der Bewerbung (der im Jahr 2005 verstorbene vormalige Leiter des Museums Folkwang Georg Költzsch) sowie der beiden Kul-

---

[23] Tatsächlich gab es zwischen den Kulturhauptstadtbeauftragten einiger Städte für eine gewisse Zeit ‚informelle' Treffen, die der wechselseitigen Abstimmung dienten. Dabei wurde auch versucht, das Konkurrenzverhältnis zwischen den Städten zu entschärfen und auf diese Weise auf die überbordenden Anforderungen der Kommunalpolitik an die städtischen Kulturhauptstadtprogramme zu reagieren. (‚Die anderen machen dies und jenes, warum machen wir das nicht?'). Mangels finanzieller Mittel wurden diese Zusammenkünfte jedoch eingestellt.

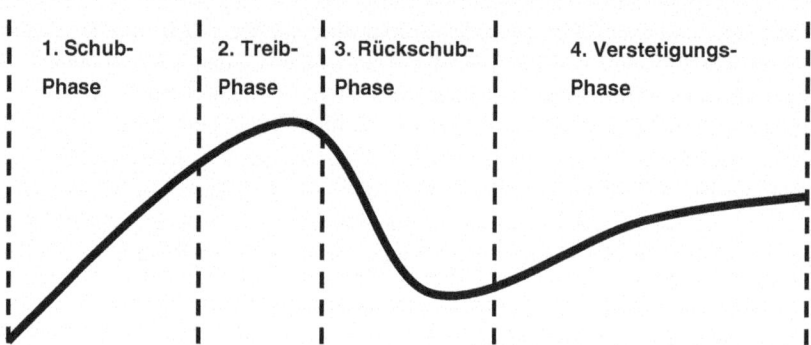

Abb. 3.9 ‚Fieberkurve' des Ruhrgebiets-Engagements

turdezernenten aus Essen (Oliver Scheytt – auch in seiner späteren Funktion als Moderator) und aus Bochum (Hans-Georg Küppers) mit einer Vielzahl von Akteuren der Region. Die Bewerbungsidee wurde bei diversen Verbandsversammlungen, Wirtschaftsstammtischen, kommunalen Kultur-Jour-Fixen, bei kommunalen Pressekonferenzen und vielen weiteren Terminen vorgestellt, wodurch bei den beteiligten Akteuren Hoffnungen geweckt wurden. Das zentrale Thema der Gespräche und Diskussionen war in dieser Phase die inhaltliche Ausrichtung einer Bewerbung, die im Leitbild der Kulturhauptstadt ‚Wandel durch Kultur – Kultur durch Wandel' mündete.

Von diesem ersten Schub und von den Erfolgen der diversen Bewerbungsrunden konnten sich die Kulturhauptstadt-Macher dann eine ganze Weile treiben lassen *(Treib-Phase)*. Das ehrenamtliche Engagement insbesondere von prominenten Persönlichkeiten der Kulturszene war hoch und die Hoffnungen zahlreicher Künstler und Kulturschaffender wurden langsam in Erwartungen umgewandelt. Gemeinsam mit diversen Akteuren wurden erste Projektideen für die nächsten Bewerbungsrunden ausgearbeitet, und auch nach dem endgültigen Erfolg durch die EU-Jury-Entscheidung im April 2006 löste die allgemein verspürte euphorische Aufbruchsstimmung starkes Engagement aus, das sich unter anderem in den am Ende über 2.200 Projektvorschlägen äußerte.

Allerdings drohte das Ausmaß des Engagements langsam außer Kontrolle zu geraten. Zwar erfreuten sich die nun im Aufbau der Gesellschaft befindlichen Verantwortlichen an der Euphorie, doch befürchteten sie, den Erwartungen nicht mehr gewachsen zu sein und dadurch massive Enttäuschungen unter den Akteuren zu riskieren. Erstes Anzeichen dieser Erkenntnis und der nun folgenden *Rückschub-Phase* war, dass die RUHR.2010 GmbH keinen offiziellen Projektaufruf verschickte, sondern lediglich ein Informationsblatt für Projektautoren verfasste, in dem

3.4 Steuerung komplexer Projekte

Qualitätskriterien für Projekte aufgeführt sowie das Vorgehen erläutert wurden. Sehr schnell wurde klar, dass die Anzahl der Absagen größer werden würde als die der Zusagen, und dass dennoch viele Erwartungen enttäuscht werden würden. Als dann das Kulturhauptstadt-Jahr näher rückte, im Herbst 2008 das erste Programmbuch einen Überblick über die vielen Aktivitäten bot und ein Jahr später im zweiten Programmbuch alle 300 Projekte detailliert vorgestellt wurden, stieg die ‚Fieberkurve' wieder an. In der *Verstetigungs-Phase* konnte das Engagement stabilisiert werden. Insbesondere durch die Formalisierung der Akteurekonstellation (Aufnahme von Projekten in das offizielle Programm, Logo- und Budgetvergabe und Vertragsschließung) konnten Verlässlichkeit erzeugt und das Engagement stabilisiert werden. Das Hauptinstrument zur Steuerung von Engagement bestand in dieser Phase in der Initiierung (und zum Teil auch Moderierung) informeller Netzwerke, die dann jeweils Projekte entwickelten und zum Teil völlig selbstständig agierten. Beispiele hierfür sind der Zusammenschluss der Kunstmuseen zum Netzwerk ‚Ruhrkunstmuseum', die Kooperation namhafter Musik-Institutionen im ‚Henze-Projekt', das Projekt ‚Starke Orte' der Kunstvereine der Region sowie die ‚Commissions', die in verschiedenen Branchen der Kreativwirtschaft Akteure miteinander vernetzten und Projekte initiierten. Inhaltlich beteiligte sich die RUHR.2010 GmbH in dieser Zeit intensiv an Debatten über die Definition und zukünftige Gestaltung des Ruhrgebiets.

Die RUHR.2010 GmbH war also darauf angewiesen, funktionierende Netzwerke zu initiieren, deren Akteure relativ autonom und aus eigenem Antrieb heraus ihre Interessen verfolgten und ihre Projekte umsetzten. Doch warum machte in der Verstetigungs-Phase nicht ‚jeder was er wollte'? Wie konnte sich der fokale Akteur insbesondere in einer Phase, in der klar wurde, dass sich das Groß-Ereignis nicht als ‚Goldesel' entwickeln würde und viele Erwartungen enttäuscht wurden, ein Mindestmaß an Kontrolle über den Verlauf des Groß-Projektes sichern?

Das Steuerungskonzept der RUHR.2010 GmbH basierte ganz wesentlich auf der Erzeugung von Exklusivität. In der Programmkonferenz trafen sich im Zweiwochen-Rhythmus die Geschäftsführer und die künstlerischen Direktoren, um die Programmatik zu erarbeiten und Projekte insbesondere nach Qualitätsgesichtspunkten auszuwählen. Dieses Gremium ist mithin vergleichbar mit dem Gutachterkreis eines Qualitätssiegels: Den Projekten, die den Kriterien (oder Interessen der Entscheider) entsprachen, wurde das Dachmarken-Logo zuerkannt, und sie wurden in das offizielle Programm aufgenommen. Durch die in der Region erzeugten Erwartungen brauchten sich die Protagonisten der RUHR.2010 GmbH dabei keine Sorgen um potenzielle Projektpartner zu machen. Das belegt auch die Schränke füllende Menge an Projektanträgen.

Die Exklusivität zeitigte zwei Effekte: Zum einen stabilisierte sie die Motivation der (durch Verträge ‚formalisiert' angebundenen) Akteure. Trotz langwieriger Vertragsverhandlungen, geringerer finanzieller Unterstützung als ursprünglich erhofft und hohen bürokratischen Anforderungen blieben sie weiter aktiv. Schließlich gehörte man zum begrenzten Kreis von Akteuren, die sich langfristig gegenüber ihrer Klientel und der Öffentlichkeit als offizielle Projektpartner inszenieren konnten. Zudem erhielt man Zugriff auf die Kanäle des Marketings und der Öffentlichkeitsarbeit der Kulturhauptstadt und konnte durch weiteres Engagement vom stark erhöhten Medieninteresse profitieren.

Zweitens konnte durch die Exklusivität des engeren Netzwerkes das Image von Kultur sowie der Kulturhauptstadt auch über das (durch Logo und Programmbuch) formalisierte Netzwerk hinaus weiter aufrecht erhalten werden. Alle Akteure durften ihr Interesse, ‚irgendwie' Teil der Kulturhauptstadt zu sein, auch außerhalb des formalisierten Netzwerkes verfolgen: Akteure wurden zum Trittbrettfahren sogar regelrecht ermutigt. Hierzu wurde eigens das ‚Community-Logo' kreiert. Projekten wie etwa dem Streetart-Projekt ‚Urbanatix' wurde gar nachträglich das Dachmarkenlogo zuerkannt. In Erweiterung der ‚Garten-Metapher' von Larson (vgl. 2009)[24] ist somit eine Hierarchisierung der Akteurekonstellation festzustellen. Im Kern befand sich ein relativ streng reglementierter ‚Park', dessen Eingang von einem ‚Parkwächter' kontrolliert wurde, welcher innerhalb der qualitativen und quantitativen Regeln einer ‚Parkordnung' aber prinzipiell für alle offen stand (offizielle Partner der RUHR.2010 GmbH). Um den ‚Kern' herum befanden sich weitere ‚Parks' – gewissermaßen Parks ‚zweiter Klasse' –, die ebenso reglementiert, allerdings kleiner waren und geringere Zugangsbarrieren aufwiesen (etwa die Städte mit ihren eigenen Programmen und dem Städtelogo). Außen wiederum befand sich ein ‚Dschungel', in dem sowohl die Fluktuation, als auch die Konkurrenz zwischen den hier agierenden Akteuren am höchsten war, in dem der Zugang aber nicht begrenzt wurde und in dem sich dadurch jeder frei bewegen durfte.

---

[24] Larson führt unter Rückgriff auf empirische Studien dreier Events die ‚Metapher ersten Grades' eines politischen Marktplatzes (‚political market square') (vgl. auch Larson und Wikström 2001) ein. Ein politischer Marktplatz könne bezüglich des Zugangs, des Interaktionsmodus sowie der Änderungsdynamik der Akteurekonstellation in drei ‚Metaphern zweiten Grades' unterteilt werden. Im ‚Dschungel' würden Konkurrenz und Konflikt dominieren, der Zugang sei nicht begrenzt. In einem ‚Park' werde das Netzwerk von einem fokalen Akteur (‚Parkwächter') zwar kontrolliert, der Zugang sei allerdings prinzipiell offen, auf Vertrauen basierende Interaktion werde im Laufe der Zusammenarbeit aufgebaut. Bei einem ‚Garten' schließlich stehe die Konstellation der Akteure von Beginn an fest und sei daher nicht für neue Akteure offen, die Interaktion sei hier vertraglich geregelt und konsensorientiert.

3.4 Steuerung komplexer Projekte 103

Durch dieses Prinzip relativierender Exklusivität wurde erreicht, dass sowohl die Akteure im formalisierten Teil des Netzwerkes engagiert blieben – um ihre Chance zu erhalten, die Kulturhauptstadt für die eigenen Interessen zu nutzen – als auch externe Akteure weiterhin durch ihre eigenen (nicht miteinander koordinierten) Beiträge von dem exklusiven Ereignis, der einmaligen Aufmerksamkeit auf die Region und die ‚Marke' Kulturhauptstadt profitieren wollten. Gerade das anhaltende Engagement von Akteuren des ‚Dschungels' übte wiederum einen gewissen Handlungsdruck auf die offiziellen Partner aus, ihren komparativen Vorteil gegenüber den anderen Akteuren tatsächlich zu nutzen und auszuschöpfen und somit weiter aktiv zu bleiben. Die Steuerung des Netzwerks über die Vergabe des Dachmarkenlogos zeigte allerdings Grenzen. Zwar wurde in den Lizenz-Bedingungen und Projektverträgen eine Vielzahl an Verpflichtungen (Befolgen eines Finanzplans, Einhalten des Corporate Designs usw.) festgeschrieben. Die Steuerung beschränkte sich jedoch weitestgehend auf Formalitäten. Eine inhaltliche Steuerung war aus Kapazitätsgründen nur sehr begrenzt und keinesfalls flächendeckend möglich. Dies führte dazu, dass die Leitung der RUHR.2010 GmbH mehrmals überrascht beziehungsweise überrumpelt wirkte. So zeigten sich mehrere Führungspersonen über die Eröffnung eines großen Netzwerkprojekts ebenso verwundert, wie über die Qualität eines Projekts der darstellenden Kunst. Auch das Planungs- und Genehmigungsdesaster um die Loveparade in Duisburg, bei der 21 Menschen bei einer Massenpanik starben (die Loveparade trug das Dachmarkenlogo der Kulturhauptstadt, war aber organisatorisch unabhängig von der RUHR.2010 GmbH), verdeutlicht noch einmal die inhaltlich-operative Abhängigkeit der RUHR.2010 GmbH von ihren Partnern in der Region.

Am Beispiel der Kulturhauptstadt Europas RUHR.2010 ist also zu sehen, wie netzwerkförmige Steuerung (Governance) in einem komplexen Projekt vollzogen werden kann. Die Steuerung geht hier über eine reine ‚Kontextsteuerung' – d. h. über die Kombination von Selbstorganisation autonomer Akteure auf der einen Seite und Aufgaben-Orientierung der Gesamtheit des Netzwerkes auf der anderen Seite (Willke 2001, S. 130) – hinaus. Die Kontextbedingungen werden dabei in Verhandlungssystemen aus der interdependenzgesteuerten Interaktion aller betroffenen Akteure generiert. Willke (2006, S. 244) proklamiert Kontextsteuerung als die zentrale Steuerungsform moderner Gesellschaften. Gleichwohl muss bei der Kulturhauptstadt differenziert werden: Zwar verfügen alle Akteure – ob sie sich nun im ‚Park'- oder im ‚Dschungel'-Teil der Konstellation befinden – über (relative) inhaltliche Autonomie. Die RUHR.2010 GmbH hingegen konnte inhaltlich nur dadurch eingreifen, dass sie ihre ‚Programmhoheit' für die Phase Projektauswahl nutzte und somit bestimmte Themen und Bereiche (der später relativ autonom durchgeführten Projekte) setzte. Zudem konnte die RUHR.2010 GmbH öffentliche Diskurse mitprägen und so zumindest in der Öffentlichkeit auch Inhalte beeinflussen. Allerdings wurde in die Autonomie der Akteure bezüglich der Ressourcen (direkt über Geld oder indirekt durch Aufmerksamkeit) zentral steuernd eingegriffen. Die RUHR.2010 GmbH verfügte aber keineswegs per se über diese spätere Steuerungsmacht, sondern musste sie sich eben durch die Erzeugung von Erwartungen und eines Konkurrenz bedingten regelrechten Beteiligungs-Zwangs unter den Akteuren erst schaffen. Dies wiederum geschah in einem regionalen Verhandlungssystem (insbesondere während der Bewerbung zur Kulturhauptstadt). Somit entspringt die Steuerungsmacht der RUHR.2010 GmbH einer Aushandlung des Steuerungsmodus bei der Implementierung der Kulturhauptstadt innerhalb der Region. Die Kontextsteuerung hat gewissermaßen eine Interaktionsform zentraler Steuerung (Government) zumindest formaler Aspekte produziert.

Anders ausgedrückt: Zu Beginn – während der Initiierung und der Bewerbung zur Kulturhauptstadt – wurde ein durch informelle Steuerungsmodi koordiniertes Netzwerk aufgebaut. In einem Formalisierungsprozess im Übergang zur Umsetzungsphase der Kulturhauptstadt wurde der Steuerungsmodus des Netzwerks dann gewissermaßen gesplittet. Die RUHR.2010 GmbH war inhaltlich, abgesehen von der anfänglichen Auswahl der Projekte, weiterhin stark abhängig von anderen Akteuren, beteiligte sich in inhaltlichen Aushandlungsprozessen – diskursiv steuernd – mit den Projektpartnern und versuchte den Diskurs im Ruhrgebiet unter dem Schlagwort der ‚Metropole Ruhr' mit zu gestalten (Governance). Allerdings kontrollierte die RUHR.2010 GmbH formal die Konstellation der Akteure und steuerte – direkt über finanzielle Zuwendungen sowie indirekt über die Generierung von Aufmerksamkeit – somit die finanziellen und kapazitativen Möglichkeiten der Akteure zentral (Government). Dass beide Steuerungslogiken nicht notwendigerweise miteinander zu tun haben, zeigen etwa die Heterogenität des Kulturbegriffs der einzelnen Projekte (siehe dazu Kap. 4), die (offenen) Debatten um den Nutzen einer zukünftigen regionalen Kultureinrichtung über das Jahr 2010 hinaus und auch die breite öffentliche Debatte, die um die konkurrierenden Konzepte ‚Metropole Ruhr' und ‚Ruhrstadt'[25] kreisten und nicht unwesentlich von Akteuren außerhalb des engeren Netzwerks geprägt wurden.

---

[25] Die Ruhrstadt-Initiative hat zum Ziel, durch eine gesellschaftlich breite Initiative ‚von unten' eine administrative Homogenisierung des Ruhrgebiets durchzusetzen. Das Konzept der ‚Metropole Ruhr' lehnt hingegen eine Ruhrstadt ab und fordert polyzentrisch-pluralistische Kooperation im Sinne der Kulturhauptstadt.

Sinnstiftung 4

‚Alarm im Revier', so beginnt Andreas Rossmann, Kulturkorrespondent der Frankfurter Allgemeinen Zeitung, am 15. November 2008 seinen kulturpolitischen Artikel ‚Rettet die Kulturhauptstadt!'. Das damals gerade veröffentlichte Programmbuch der Kulturhauptstadt RUHR.2010 kommentierend, fährt er fort: „Flockig aufgereiht und flott rubriziert, liest sich das Sammelsurium der Vorhaben wie eine Werbebroschüre für Standortpolitik und Kulturtourismus. Hauptsache populär, breitenwirksam, massenkompatibel scheint die Devise. (...) Kunst ist in diesem Programm, soweit sie nicht schon im Museum hängt, eine Randerscheinung." Noch sei die Kulturhauptstadt, der es (neben kulturpolitischen Reibereien in der Bannerstadt Essen, auf die Rossmann intensiv eingeht) an künstlerischem Profil mangele, zu retten, schreibt er weiter und schlägt mit der Einstellung eines Intendanten eine radikale Umwandlung der Führungsstruktur der RUHR.2010 GmbH hin zu einer Ausrichtung vor, die wir als monistisch bezeichnen (vgl. Kap. 3.1).

Die Organisatoren der Kulturhauptstadt waren von Beginn an einem Spannungsfeld kultureller Deutungen ausgesetzt, in dem sie sich positionieren mussten. Diese Beobachtung verweist auf die Frage, welche Funktion die Mega-Event-Macher parallel zu den Organisations- und Koordinationsnotwendigkeiten im Event-Netzwerk als ‚fokaler Kommunikator' in der Region zu erfüllen hatten. Vertreter der RUHR.2010 GmbH selbst bezeichnen die kommunikative Aufgabe wegen der Fülle eigensinniger Akteure in Politik und Kultur, Wirtschaft und Gesellschaft als ‚kolossale Herausforderung' (Frohne et al. 2011, S. 5). Die Reaktion Rossmanns aus dem Jahr 2008, der augenscheinlich nicht von den Bemühungen der RUHR.2010 GmbH überzeugt war, zeigt jedenfalls, dass die Kommunikation – etwa des Programms – aus der Sicht der Kulturhauptstadt-Macher missverstanden, fehl- und umgedeutet werden kann.

Foto 8: Baustelle auf der A40/B1: Beim Großprojekt „Still-Leben" stauen sich Fußgänger und Radfahrer auf der Autobahn. (Foto: Jürgen Huhn/TU Dortmund)

4.1 Spannungsfelder kulturgetriebener Transformation

Um die Vielfalt von (zum Teil gegensätzlichen) Erwartungen und Ansprüchen zu verdeutlichen, vor die sich das Management einer Kulturhauptstadt gestellt sieht, lassen sich vier Themenfelder benennen: Quote, Qualität, Quartier und Querverbindungen. Innerhalb dieser Felder, aber zum Teil auch zwischen ihnen, werden unterschiedliche Ideen und Vorstellungen von einer Kulturhauptstadt artikuliert, die nicht notwendigerweise miteinander kompatibel sind, sondern durchaus Anlass zu heftigen Auseinandersetzungen bieten können.

Eine der zentralen Herausforderungen an eine Kulturhauptstadt besteht darin, das Vorhaben sichtbar zu machen. Um dieses Ziel zu erreichen, genügt es nicht, Prospekte zu drucken und bunte Fähnchen aufzuziehen. Was bei der Bewältigung dieses Problems tatsächlich Hilfe verspricht, sind vor allem massen- und publikumswirksame Veranstaltungen. Und in dieser Hinsicht hat ‚man' sich bei der RUHR.2010 GmbH tatsächlich einiges ‚einfallen lassen'. Das vermutlich spektakulärste Ereignis in dieser Hinsicht war, neben der Eröffnungsveranstaltung auf der Zeche Zollverein in Essen und der Abschlussveranstaltung von ‚!Sing – Day of Song' in der Arena ‚Auf Schalke', die Sperrung der Autobahn A 40 (‚Still-Leben'),

4.1 Spannungsfelder kulturgetriebener Transformation

die genau das brachte, was sich die Veranstalter davon versprochen hatten: Schöne und eindrucksvolle Bilder, die medial um die Welt gehen, das Image eines fröhlich feiernden und multikulturellen Ruhrgebiets verbreiten und dessen Fortschritte auf dem Weg zur Metropole belegen.

Das Interesse an publikumswirksamen Events mit internationaler Strahlkraft, um auf diese Weise „die Bilder des neuen Ruhrgebiets in die Welt zu transportieren" (Marc Oliver Hänig, Pressesprecher der RUHR.2010), schlug sich nicht allein in Massenveranstaltungen nieder. Die Aufmerksamkeit der Organisatoren richtete sich im Verlauf der Planung und Umsetzung immer stärker auf die *Quote*: Am 30.4.2010 vermeldet die Westdeutsche Allgemeine Zeitung mit Verweis auf die RUHR.2010 GmbH, dass bereits vor Beginn der Freiluftsaison die Hälfte der anvisierten 5 Mio. Besucher registriert wurden. Der Pressesprecher wird mit dem Satz zitiert, das Ruhrgebiet peile an, „die 9,6 Mio. Besucher der Kulturhauptstadt Liverpool aus dem Jahr 2008 zu toppen." Bei der Geschäftsführerbesprechung der RUHR.2010 GmbH wurde regelmäßig die Seitenzahl des täglichen Pressespiegels vermeldet (‚Ist er mal wieder dreistellig?') und darauf gedrungen, dass die Zahl der Veranstaltungsbesucher regelmäßig in die Evaluations-Datenbank eingetragen wurden. Und zu jeder der Ausblicks- bzw. Bilanz-Pressekonferenzen gehörte eine akribische Auflistung quantifizierter Angaben über die Kulturhauptstadt:[1]

- „65.000 Medienberichte über RUHR.2010, mit einem Gegenwert von insgesamt 90.303.117 € (nur Print national)",
- „facebook: Von 2.000 Fans (Stand 31.12.2009) stieg die Zahl inzwischen auf über 30.200 an, 600 Beiträge wurden online gestellt"
- „Online-Veranstaltungskalender: Rund 12.400 Veranstaltungen sind vom 01.01. bis 31.12.2010 erfasst"
- „Zahl der geschlossenen Verträge (Mitte 2009 bis Ende 2010) (...) insgesamt: 4.500"
- „Über die RUHR.2010-Hotline wurden 717 Telefonstunden (von Oktober 2009 bis Ende September 2010) verzeichnet"
- „Künstler: Mindestens 260 Künstler, Architekten und Gestalter waren für die ‚Stadt der Möglichkeiten' aktiv – davon haben mindestens 140 einen internationalen Hintergrund."[2]

---

[1] Auszug aus der 18 Seiten umfassenden Presseinformation ‚Wissenswertes über RUHR.2010' vom 09.12.2010.

[2] Die ‚Stadt der Möglichkeiten' war eine der vier künstlerischen Bereiche der RUHR.2010 GmbH und betreute die Projekte im Bereich bildende Kunst und Architektur.

Die quantifizierende Bewertung und die Hervorhebung der auf Außenwirksamkeit ausgerichteten Projekte hat Kritik aus verschiedenen Richtungen evoziert. Dass etwa bei diversen Kunstausstellungen verstärkt auf ausländische Künstler gesetzt wurde, rief in den Reihen der regionalen Kunstschaffenden nahe liegender Weise nicht nur Zustimmung hervor. In einem Artikel der Westdeutschen Allgemeinen Zeitung vom 15. Juli 2009 wird Ulrich Daduna vom Kunstverein Gelsenkirchen wie folgt zitiert: „Für uns wird deutlich, dass die großen Ereignisse von Künstlern bestimmt werden, die nicht aus der Region kommen. Diese Leuchtturmprojekte stellen die vielen kleinen Leuchtfeuer, die Künstler hier vor Ort mit mühevoller Vorarbeit errichtet haben, in den Schatten. Es geht uns nicht darum, dass wir keine großen Künstler in der Region haben wollen – aber die richtige Mischung macht's. Und da sehen wir uns an den Rand gedrängt."

Hier wird Enttäuschung ausgedrückt gegenüber den Planungen der RUHR.2010 GmbH, deren Auswahlpolitik als zu stark auf internationales Renommee ausgerichtet und als zu wenig an den Interessen der ortsansässigen Kunstschaffenden orientiert wahrgenommen wird. Im Verteilungskampf um Fördergelder sahen sich Kunstschaffende aus der Region als ins Hintertreffen geraten an und suchten deshalb nach Argumenten zur Durchsetzung *ihrer* Interessen. Dabei rekurrierten sie auf Begriffe, denen auch die Kulturhauptstadt programmatisch verpflichtet war, und fragten danach, was eine Bevorzugung auswärtiger gegenüber heimischen Künstlern mit der viel beschworenen ‚Nachhaltigkeit' zu tun habe. Kritisiert wurde also nicht die generelle Strategie der Kulturhauptstadt, sondern lediglich die dabei gewählte Form der Mittelverteilung.

Im Vorfeld des Projekts ‚Still-Leben' wurden in den Feuilletons überregionaler Zeitungen einige ‚Breitseiten' auf die Verantwortlichen der RUHR.2010 abgefeuert. Hielt sich der Spott über diese Veranstaltung, die zum Beispiel als längste Biertheke der Welt tituliert wurde, noch in Grenzen, sollten sich die Kritiken aus Anlass eines traurigen Ereignisses deutlich verschärfen. Das Desaster der Loveparade in Duisburg (vgl. Hitzler und Nye 2011) war für viele Feuilletonisten Anlass, den Machern der Kulturhauptstadt mit Nachdruck ihr Streben nach hohen Zuschauerzahlen und Besucherrekorden auf Kosten der künstlerischen *Qualität* des Dargebotenen vorzuhalten. Hinter dem „Festival der Großveranstaltungen" sei der „künstlerische Ansatz" nicht mehr erkennbar (Kothenschulte 2010). Zwar sei im Unterschied zur Duisburger Loveparade die Veranstaltung auf der A 40 ohne größere Verluste über die Bühne gegangen. Hinter beiden Formen der Eventkultur stehe aber das gleiche Kulturverständnis: „eine sinnentleerte Politikeridee von Massenbelustigung" (Kothenschulte 2010). Beklagt wird hier also der fehlende (kulturelle) Sinn von Massenevents und der Eventkultur, wie es auch bereits im Herbst 2008 von Rossmann in der Frankfurter Allgemeinen Zeitung moniert worden war. Andere Kriti-

4.1 Spannungsfelder kulturgetriebener Transformation

ker verwiesen auf die zunehmende Durchökonomisierung des Kulturbetriebs, die besonders bei Großveranstaltungen sichtbar werde. „Die Grenzüberschreitung als Rekordjagd nach Zuschauerzahlen ist ein Anliegen des internationalen Festivalmanagements. Die Grenzüberschreitung, an denen die Großveranstalter ein Interesse zeigen, bemisst sich am Maßstab der Kaufleute" (Thomas 2010). Kritisiert werden somit die zunehmenden Übergriffe von ökonomischen, mithin also nicht-ästhetischen Praktiken auf das Feld der ästhetischen Praxis, die ja primär im subjektiven Erleben und in der sinnlichen Wahrnehmung ihren Ort haben und damit frei von außerhalb ihrer selbst liegenden Zwecken sein soll.

Das Spannungsverhältnis zwischen Quote und Qualität, das in den angeführten Aussagen zum Ausdruck kommt, verweist auf das Aufeinandertreffen von unterschiedlichen Kulturbegriffen, die ins Spiel gebracht werden. Die Kritik inszeniert ihre Verachtung der Orientierung am ‚Marktanteil' vor dem Hintergrund eines diffusen Begriffs künstlerischer Qualität. Letztlich laufen die damit verbundenen normativen Konnotationen auf eine Identifikation von Kultur mit der ‚Hochkultur' hinaus. Dem steht ein Kulturbegriff gegenüber, der prinzipiell offen ist für *alle* Arten kultureller Hervorbringungen sozialer Kollektive und der nicht nur von der Alltagskultur bis zur Eventkultur reicht, sondern auch hochkulturelle Darbietungen umfasst. Innerhalb des Kreises der Vertreter dieses holistischen Verständnisses von Kultur drehen sich die Auseinandersetzungen dann eher um die Frage, ob für die Vermarktung kultureller Veranstaltungen und Aktivitäten auch rechtzeitig genügend finanzielle Mittel eingesetzt wurden oder nicht.

Erklärtes Ziel der Kulturhauptstadt RUHR.2010 war es, das gesamte Ruhrgebiet in die ‚Festivitäten' einzubeziehen. Schließlich ging es nicht nur darum, nach außen Wirkung zu entfalten. Auch nach innen – sozusagen ins *Quartier* – sollte die Kulturhauptstadt ausstrahlen. Insbesondere um die Teilhabe kleinerer und geographisch eher randständiger Gemeinden zu sichern, wurde die Institution der ‚Local-Heroes-Wochen' erfunden. Da die Zahl der Ruhrgebietsstädte fast identisch ist mit der Zahl der Kalenderwochen eines Jahres, konnte sich im Kulturhauptstadtjahr jede Ruhrgebietskommune eine Woche lang mit dem Titel ‚Local-Heroes' schmücken[3] und ihre kulturelle Leistungsfähigkeit unter Beweis stellen. Vor allem bei den kleineren Gemeinden richteten sich die entsprechenden Aktivitäten vor allem nach innen, an die eigene Stadtbevölkerung. Die Veranstalter dort erwarteten für gewöhnlich keine Ströme von auswärtigen Besuchern. Vielmehr ging es um die Steigerung des Wir-Gefühls innerhalb des engeren sozialen und geographischen Lebensraums (dem Quartier), aus dem die Einwohner ihre Identität

---

[3] Lediglich die Stadt Essen als Bannerträgerin wurde als ganzjähriger ‚Local Hero' geführt, so dass den übrigen 52 Städte jeweils genau eine Woche zugewiesen werden konnte.

Foto 9: Ein ‚Schachtzeichen' markiert einen ehemaligen Bergbauschacht auf dem Gelände der TU Dortmund. (Foto: Jürgen Huhn/TU Dortmund)

schöpfen. Allerdings gibt es Beispiele dafür, dass man sich auf die Tragfähigkeit dieses Konzepts nicht überall verlassen hat. In einer Stadt hat man etwa zum Abschluss der ‚Local-Heroes-Woche' einen kulturellen Höhepunkt in Form eines auf überregionale Resonanz zielenden Musik-Festivals angesetzt. Dass mit dem Beginn des Festivals die bis dahin angelaufenen binnenorientierten Kulturaktivitäten ein abruptes Ende gefunden haben, sei aber von vielen Stadtbewohnern mit Bedauern kommentiert worden, berichtete die Kulturhauptstadt-Beauftragte dieser Stadt. Hier wird das Spannungsverhältnis deutlich, das entsteht, wenn die lokale Kulturszene mobilisiert wird, zugleich aber auch Scharen auswärtiger Besucher angelockt werden sollen.

Gleichwohl muss zwischen der auf Außenwirkung angelegten Festival- und Eventkultur und den auf Innenwirkung zielenden lokalen Kulturaktivitäten kein (scharfer) Widerspruch bestehen. Das Projekt ‚Schachtzeichen', bei dem mit Helium gefüllte Ballons über ehemaligen Zechenstandorten aufgelassen wurden, ist dafür ein Beispiel. Hauptsächlich als nach außen gerichtetes spektakuläres Zeichen für die Vergangenheit des Ruhrgebiets inszeniert, diente diese Veranstaltung vielerorts vor allem für die Einheimischen als Ort der gemeinsamen Erinnerung. Gleichwohl bleibt die prinzipielle Frage, in welchem Verhältnis die auf die lokale Verankerung der Menschen eingehenden kulturellen Aktivitäten zu dem mit dem

4.1 Spannungsfelder kulturgetriebener Transformation

ker verwiesen auf die zunehmende Durchökonomisierung des Kulturbetriebs, die besonders bei Großveranstaltungen sichtbar werde. „Die Grenzüberschreitung als Rekordjagd nach Zuschauerzahlen ist ein Anliegen des internationalen Festivalmanagements. Die Grenzüberschreitung, an denen die Großveranstalter ein Interesse zeigen, bemisst sich am Maßstab der Kaufleute" (Thomas 2010). Kritisiert werden somit die zunehmenden Übergriffe von ökonomischen, mithin also nicht-ästhetischen Praktiken auf das Feld der ästhetischen Praxis, die ja primär im subjektiven Erleben und in der sinnlichen Wahrnehmung ihren Ort haben und damit frei von außerhalb ihrer selbst liegenden Zwecken sein soll.

Das Spannungsverhältnis zwischen Quote und Qualität, das in den angeführten Aussagen zum Ausdruck kommt, verweist auf das Aufeinandertreffen von unterschiedlichen Kulturbegriffen, die ins Spiel gebracht werden. Die Kritik inszeniert ihre Verachtung der Orientierung am ‚Marktanteil' vor dem Hintergrund eines diffusen Begriffs künstlerischer Qualität. Letztlich laufen die damit verbundenen normativen Konnotationen auf eine Identifikation von Kultur mit der ‚Hochkultur' hinaus. Dem steht ein Kulturbegriff gegenüber, der prinzipiell offen ist für *alle* Arten kultureller Hervorbringungen sozialer Kollektive und der nicht nur von der Alltagskultur bis zur Eventkultur reicht, sondern auch hochkulturelle Darbietungen umfasst. Innerhalb des Kreises der Vertreter dieses holistischen Verständnisses von Kultur drehen sich die Auseinandersetzungen dann eher um die Frage, ob für die Vermarktung kultureller Veranstaltungen und Aktivitäten auch rechtzeitig genügend finanzielle Mittel eingesetzt wurden oder nicht.

Erklärtes Ziel der Kulturhauptstadt RUHR.2010 war es, das gesamte Ruhrgebiet in die ‚Festivitäten' einzubeziehen. Schließlich ging es nicht nur darum, nach außen Wirkung zu entfalten. Auch nach innen – sozusagen ins *Quartier* – sollte die Kulturhauptstadt ausstrahlen. Insbesondere um die Teilhabe kleinerer und geographisch eher randständiger Gemeinden zu sichern, wurde die Institution der ‚Local-Heroes-Wochen' erfunden. Da die Zahl der Ruhrgebietsstädte fast identisch ist mit der Zahl der Kalenderwochen eines Jahres, konnte sich im Kulturhauptstadtjahr jede Ruhrgebietskommune eine Woche lang mit dem Titel ‚Local-Heroes' schmücken[3] und ihre kulturelle Leistungsfähigkeit unter Beweis stellen. Vor allem bei den kleineren Gemeinden richteten sich die entsprechenden Aktivitäten vor allem nach innen, an die eigene Stadtbevölkerung. Die Veranstalter dort erwarteten für gewöhnlich keine Ströme von auswärtigen Besuchern. Vielmehr ging es um die Steigerung des Wir-Gefühls innerhalb des engeren sozialen und geographischen Lebensraums (dem Quartier), aus dem die Einwohner ihre Identität

---

[3] Lediglich die Stadt Essen als Bannerträgerin wurde als ganzjähriger ‚Local Hero' geführt, so dass den übrigen 52 Städte jeweils genau eine Woche zugewiesen werden konnte.

Foto 9: Ein ‚Schachtzeichen' markiert einen ehemaligen Bergbauschacht auf dem Gelände der TU Dortmund. (Foto: Jürgen Huhn/TU Dortmund)

schöpfen. Allerdings gibt es Beispiele dafür, dass man sich auf die Tragfähigkeit dieses Konzepts nicht überall verlassen hat. In einer Stadt hat man etwa zum Abschluss der ‚Local-Heroes-Woche' einen kulturellen Höhepunkt in Form eines auf überregionale Resonanz zielenden Musik-Festivals angesetzt. Dass mit dem Beginn des Festivals die bis dahin angelaufenen binnenorientierten Kulturaktivitäten ein abruptes Ende gefunden haben, sei aber von vielen Stadtbewohnern mit Bedauern kommentiert worden, berichtete die Kulturhauptstadt-Beauftragte dieser Stadt. Hier wird das Spannungsverhältnis deutlich, das entsteht, wenn die lokale Kulturszene mobilisiert wird, zugleich aber auch Scharen auswärtiger Besucher angelockt werden sollen.

Gleichwohl muss zwischen der auf Außenwirkung angelegten Festival- und Eventkultur und den auf Innenwirkung zielenden lokalen Kulturaktivitäten kein (scharfer) Widerspruch bestehen. Das Projekt ‚Schachtzeichen', bei dem mit Helium gefüllte Ballons über ehemaligen Zechenstandorten aufgelassen wurden, ist dafür ein Beispiel. Hauptsächlich als nach außen gerichtetes spektakuläres Zeichen für die Vergangenheit des Ruhrgebiets inszeniert, diente diese Veranstaltung vielerorts vor allem für die Einheimischen als Ort der gemeinsamen Erinnerung. Gleichwohl bleibt die prinzipielle Frage, in welchem Verhältnis die auf die lokale Verankerung der Menschen eingehenden kulturellen Aktivitäten zu dem mit dem

4.1 Spannungsfelder kulturgetriebener Transformation

Kulturhauptstadtjahr transportierten Leitbild der ‚Kulturmetropole Ruhr' stehen. Die Inszenierung des Ruhrgebiets als kulturell kreative und profilierte Region fällt sicherlich leichter, wenn man kulturelle Akteure, die eher am Althergebrachten orientiert sind, im Hintergrund halten kann.

Die Überwindung des vielfach beklagten Kirchturmdenkens im Ruhrgebiet war eines der propagierten Ziele der Kulturhauptstadt. Das Privileg einer Aufnahme ins offizielle Kulturhauptstadt-Programm sollten vor allem diejenigen Projektvorschläge erhalten, die in irgendeiner Form den Kooperationsgedanken auf ihre Fahnen geschrieben hatten und mit ihren Vorhaben *Querverbindungen* knüpften. Für die Bewerber der so genannten ‚Twins-Projekte', die auf der Grundlage der Zusammenarbeit zwischen den 53 Ruhrgebietsstädten und ihren internationalen Partnerstädten durchgeführt werden sollten, war diese Vorgabe noch vergleichsweise unproblematisch, da man in der Regel an bereits bestehende Kontakte anknüpfen konnte. Für viele Kulturschaffende der Region hingegen, die in der Regel als ‚Einzelkämpfer' agieren und denen organisatorische Ressourcen für die Kooperationsbildung fehlen, stellte diese Forderung ein kaum überwindbares Hindernis dar. Aber auch bei der interkommunalen Zusammenarbeit sind Kooperationshürden sichtbar geworden, die zum Teil auf die unterschiedlichen kulturellen Traditionen der Städte und auf Differenzen im Selbstverständnis der handelnden Akteure zurückgehen. Von Beteiligten wurde etwa die ‚intellektuelle Fallhöhe' zwischen den involvierten Personen angesprochen, die eine Verständigung über künstlerische Maßstäbe erschwert habe. Bei gemeinsam entwickelten Projekten und Programmen (wie etwa beim ‚Kulturkanal') habe sich eine Tendenz zu ‚Gemischtwarenläden' gezeigt, denen eine künstlerische Dachidee fehlte. Hält man sich an derartige Situationsbeschreibungen, dann stoßen offenbar auch bei Maßnahmen zur interkommunalen Kooperation, deren prinzipieller Sinn im übrigen von niemandem öffentlich in Frage gestellt wird, unterschiedliche Kulturverständnisse aufeinander, die austariert werden müssen. Diese Unterschiede hängen auch mit der Frage zusammen, worin die Akteure jeweils die wesentlichen Referenzpunkte ihrer Tätigkeit sehen. Das kann für die einen die internationale Fachwelt, für die anderen der lokale Harmoniumverein sein. Der Auftrag, nachhaltige Vernetzungen zwischen den kulturellen Akteuren im hochgradig fragmentierten Ruhrgebiet zu initiieren, erweist sich somit als diffizil.

Bei der Vorbereitung und Durchführung eines Großereignisses wie der Kulturhauptstadt werden also unterschiedliche Interessen artikuliert, die sich zwar alle unter den Begriff der Kulturalisierung (also der Instrumentalisierung von Kultur zur Realisierung bestimmter Zwecke) subsumieren lassen, die aber mit einem je unterschiedlichen Kulturverständnis – aufgefächert zwischen Quote, Qualität, Quartier und Querverbindungen – verbunden sein können.

4.2 Legitimation durch Sinnstiftung

Schon im Sommer 2009 wird in einem Artikel der Westdeutschen Allgemeinen Zeitung das Urteil über die Kulturhauptstadt RUHR.2010 vorweg genommen: „Ganz gleich, wie groß das Echo auf das Kulturhauptstadtjahr ausfallen wird, eines steht jetzt schon fest: Die 2010-Macher werden alles falsch gemacht haben: Wenn die Großfeuilletons zwischen New York und Frankfurt lobesrauschen, wird man ihnen zwischen Dinslaken und Dortmund vorhalten, dass sie sich in Elitärem verzettelt und die Bevölkerung schnöde missachtet hätten. Sollten der multikulturelle Kaffeeklatsch auf der gesperrten A 40 und das vieltausendkehlige Singen auf Schalke auch nur annähernd soviel Staunen der Welt erwecken, wie es sich Fritz Pleitgen erträumt, dann wird das Naserümpfen derer groß sein, die vom Kulturhauptstadt-Programm erlesene Qualität und Tiefgang erwarten. Und selbst wenn dieser Spagat gelingen sollte, ist 2010 die Schelte sicher: Es werden all die zu schimpfen nicht aufhören, die intakte Turnhallen, erfüllte Stundenpläne und gut ausgestattete Bibliotheken für das Wichtigste im Kulturleben erachten und die nachhaltige Investitionen in die Bildung für relevanter halten als Fernseh-Minuten, Kreativ-Kongresse, Touristenströme, Marketing-Aktionen, Highlight-Geflacker und 2.500 mehr oder minder spektakuläre Einzel-Events von Schachtzeichen-Ballons bis zur Sinfonie der 1.000 in Gelsenkirchen" (Bartel 2009).

Beschrieben werden hier zum einen divergente Erwartungen an das Kulturhauptstadtjahr, mit denen sich die Organisatoren einer Kulturhauptstadt konfrontiert sehen. Aufgelistet werden zum anderen unterschiedliche Erfolgskriterien, die sich auf konkurrierende kulturpolitische Konzepte beziehen. In diesem Feld – zwischen Quote und Qualität, Quartier und Querverbindungen – musste sich auch die RUHR.2010 GmbH positionieren. Die Kulturhauptstadt-Macher hatten zwar in der Auswahlphase einen Einfluss auf das Programm, mussten aber aus Gründen knapper Organisationskapazitäten die Umsetzung größtenteils den Projektpartnern überlassen. Dennoch unterlag die RUHR.2010 GmbH einem Legitimationszwang für das gesamte Kulturhauptstadtprogramm. Daraus ergab sich die Notwendigkeit, das entwickelte Programm und die mannigfaltigen – medial vermittelten und unmittelbar erlebten – Eindrücke und Erfahrungen der Menschen während des Ereignisses öffentlich als *irgendwie sinnvoll* erscheinen zu lassen. Durch die begrenzten Steuerungsmöglichkeiten blieb dafür lediglich das Instrument der öffentlichen Kommunikation, mit deren Hilfe eine allen plausible Sinnstruktur vermittelt und das eigene Handeln legitimiert werden konnte. Einer der oft genannten Sätze des Geschäftsführers Oliver Scheytt lautet, die RUHR.2010 GmbH müsse die ‚Geschichte der Kulturhauptstadt', die ‚Geschichte der Metropole Ruhr' erzählen. Eine Geschichte ist allerdings nicht als rein kognitive (sachlogische) Sinnstruk-

4.2 Legitimation durch Sinnstiftung

tur erzählt, sondern stets mit – durch intensive Erlebnisse, ausdrucksstarke Bilder und überwältigende Zahlen ‚angeheizten' – *Emotionen* verknüpft. Wesentlich beeindruckender und zugleich einfacher zu erzählen sind dabei Ereignisse, die einer auf medial wahrgenommenen Großereignissen aufbauenden monistischen Strategie folgen. Mit fortschreitender Planung und Vorbereitung nahm der Legitimationsdruck und der ‚Erzählzwang' für die Kulturhauptstadt-Macher zu. Damit einher ging konsequenter Weise eine personelle Kräfteverschiebung innerhalb der RUHR.2020 GmbH zugunsten der Sinn ‚produzierenden' Abteilungen ‚Presse' und ‚Marketing'.

Für die Organisatoren begann diese Sinn-Stiftung schon lange *vor Beginn* des Ereignisses – als Teil von dessen Voraussetzungen: Bereits mit der Inszenierung transparent erscheinender Kriterien für die Programmauswahl wurde eine – mehr oder weniger große – Öffentlichkeit auf die Sinnkonstruktion vorbereitet, die dann während der Vorbereitungsphase in der Veröffentlichung des Programmbuchs ‚Buch Eins' im Herbst 2008 gipfelte. Dieser medienwirksame ‚Paukenschlag' weckte erste Erwartungen der Beobachter, ermöglichte aber auch ein Nachsteuern vor Beginn des Kulturhauptstadt-Jahres – wie es nach dem in der Öffentlichkeit zum Teil kritisierten Programmbuch dann auch geschah.

Im Vollzug der Kulturhauptstadt wurde jede einzelne Veranstaltung durch die Veröffentlichung spektakulärer Bilder, Zeitungsbeilagen, sowie durch Pressekonferenzen und Pressereisen begleitet. Regelmäßig wurden zudem spektakuläre ‚Rahmeninformationen' verbreitet: ‚Kulturhauptstadt lockte schon 2,5 Mio. Besucher an' oder ‚Ruhr.2010 kurbelt den Tourismus an' lauteten zwei Schlagzeilen der Westdeutschen Allgemeinen Zeitung während des Kulturhauptstadt-Jahres. Im Vollzug stand gleichwohl insbesondere das Erleben selber – oder zumindest das medial vermittelte Rezipieren von Erlebnissen durch die Öffentlichkeit – im Vordergrund, weshalb die Besucherzahlen und ‚Medienwerte' für die Organisatoren eine solch hohe Bedeutung hatten. Denn nur daran ließen sich die unmittelbare Durchschlagskraft des Ereignisses und der Erfolg des eigenen Handelns wenigstens ansatzweise zeigen. Die Macher kommunizierten dabei entsprechend der ‚Logik' einer Selbstüberbietungsspirale: Dem ‚heißen Sommer' konnte keinesfalls ‚bloß' der ‚heiße Herbst' folgen.

Bereits während des Vollzugs der Kulturhauptstadt, erst recht jedoch *im Rückblick* trat dann die Rekonstruktion bzw. die Bearbeitung des Erinnerten in den Vordergrund. Bei der Zwischenbilanz-Pressekonferenz begannen die Kulturhauptstadt-Organisatoren bereits, das bisher Erlebte Revue passieren zu lassen. Dies erfolgte dann in besonderem Maße ab der Abschluss-Pressekonferenz: Während des Abschlussfestes gab es ein letztes und aufwändiges Großereignis. Die Hauptgebäude der Zeche Nordstern in Gelsenkirchen wurden durch LED-Leinwände

Foto 10: RUHR.2010 – Das Finale: Show auf dem Nordsternplatz der Zeche Nordstern in Gelsenkirchen. Regie: Gil Mehmert. (Foto: RUHR.2010/Manfred Vollmer)

als Dampfschiff verkleidet – der Förderturm diente als Mast –, das mit einer Mischung aus Live-Choreographie und bewegten Projektionen der Projekte die einzelnen Wegmarken der Kulturhauptstadt ‚abfuhr', bevor es sich in ein futuristisches Raumschiff ‚verwandelte' und von bengalischen Feuern begleitet ins Universum entschwand, um damit die glorreiche Zukunft der neu geschaffenen ‚Metropole Ruhr' einzuläuten. Die enge Schnittfolge der vielen Bilder und Ereignisse aus dem Kulturhauptstadt-Jahr – gepaart mit Emotionalität und Symbolik – sollte so dem Betrachter insbesondere in den warmen Wohnzimmern vor dem Fernseher nachträglich eine Integration aller über das Jahr verteilten Erlebnis-Fragmente zu einem Gesamtbild der Kulturhauptstadt suggerieren. Auf die Abschlussveranstaltung folgten weitere Rückblicke etwa durch etliche die Einzelprojekte der Kulturhauptstadt zu einem Ganzen integrierende genauso wie diese glorifizierende und verklärende Publikationen: Dem massenmedial und populärkulturell wichtigsten Projekt ‚Still-Leben Ruhrschnellweg' wurde mit dem Bilderbuch ‚Ein Tag wie noch nie!' gehuldigt – inklusive ausführlichen Blicken hinter die Kulissen der Organisation und auf die Erlebnisse der ‚Helden des Ereignisses' (RUHR.2010 2010). Die ‚große Geschichte des Wandels' und ihre kommunikative Umsetzung ‚vom Mythos zur Marke' wurden in der Markendokumentation beschrieben (vgl. Frohne et al. 2011).

4.2 Legitimation durch Sinnstiftung

Foto 11: Buchcover vom Still-Leben-Bildband „Ein Tag wie noch nie!"

Und schließlich erfolgte mit der schwergewichtigen ‚Chronik einer Metropole im Werden' eine Gesamtübersicht über die ‚unmögliche Kulturhauptstadt' – inklusive 2 DVDs mit 465 min Videomaterial, gewissermaßen zum individuellen Nach-Erleben des Spektakels (vgl. RUHR.2010 2011).
Erst durch diese rückblickende mediale Integration und Verklärung wurde die Konstruktion des Groß-Ereignisses von Seiten der Organisatoren abgeschlossen. Ihre Aktivitäten folgten dabei – um welche Projekte auch immer es sich im Einzelfall handelte – stets einer Event-Logik: Alle Aktivitäten des Kulturhauptstadtjahres wurden in den Kontext eines ‚totalen Erlebnisses' gesetzt – und dergestalt wurden auch das Konzert des Männergesangvereins und das Jahrestreffen der Taubenzüchter ‚von nebenan' zu Events stilisiert. Die Mega-Event-Macher ‚machten' also nicht nur Events in dem Sinne, dass sie solche koordinierten, sondern sie wandelten auch

mehr oder weniger alltägliche Veranstaltungen in öffentlich als solche wahrnehmbare (Marketing-)Events (vgl. Pfadenhauer 2007) um: Durch Sinnstiftung wurde alles unter dem Namen ‚RUHR.2010 – Kulturhauptstadt Europas' Stattgehabte zum Event (v)erklärt und alles zusammen zu einem spektakulären Mega-Event vereint.

Aber keineswegs nur die (Expost-) Überhöhung des Stattgehabten, sondern eben auch die Koordination und Mit-Organisation all dessen, was – en detail und en gros – überhaupt dazu taugte, diese Überhöhung zu plausibilisieren, zeichnet das aus dem hier thematisierten Management multipler Divergenzen resultierende Mach-Werk aus.

Literaturverzeichnis

Achauer, Eckart, und Marc Grandmontagne. 2008. Kultur als Organisationsaufgabe. Organisation einer Gesellschaft zum Betrieb der Kulturhauptstadt Europas 2010.
Bachmann, Götz. 2009. Teilnehmende Beobachtung. In *Handbuch Methoden der Organisationsforschung. Quantitative und Qualitative Methoden*, Hrsg. Kühl, Stefan, Petra Strodtholz und Andreas Taffertshofer, 248–271. Wiesbaden: VS Verlag für Sozialwissenschaften.
Bakker, René, und Martyna Janowicz-Panjaitan. 2009. Time matters: the impact of ‚temporariness' on the functioning and performance of organizations. In *Temporary Organizations. Prevalence, Logic and Effectiveness*, Hrsg. Kenis, Patrick, Martyna Janowicz-Panjaitan und Bart Cambré, 121–141. Cheltenham: Edward Elgar.
Bartel, Jörg. 2009. Wer fürchtet sich vor der Ruhr.2010? In *Westdeutsche Allgemeine Zeitung* vom 26.8.2009.
Bechky, Beth A. 2006. Gaffers, gofers, and grips: role-based coordination in temporary organisations. *Organization Science* 17 (1): 3–21.
Benz, Arthur. 2004. Einleitung. Governance – Modebegriff oder nützliches sozialwissenschaftliches Konzept? In *Governance – Regieren in komplexen Regelsystemen. Eine Einführung*, Hrsg. Benz, Arthur, 11–28. Wiesbaden: VS Verlag für Sozialwissenschaften.
Benz, Arthur, und Dietrich Fürst, 2003. Region – „Regional Governance" – Regionalentwicklung. In *Regionen erfolgreich steuern. Regional Governance – von der kommunalen zur regionalen Strategie*, Hrsg. Adamaschek, Bernd und Marga Pröhl, 11–66. Gütersloh: Verlag Bertelsmann Stiftung.
Betz, Gregor. 2008. Von der Idee zum Titelträger. Regionale Kooperationsprozesse des Ruhrgebiets bei der Bewerbung zur Kulturhauptstadt Europas 2010. In *Die Idee der Kulturhauptstadt Europas. Anfänge, Ausgestaltung und Auswirkungen europäischer Kulturpolitik*, Hrsg. Mittag, Jürgen, 191–213. Essen: Klartext.
Betz, Gregor. 2011. Das Ruhrgebiet – europäische Stadt im Werden? Strukturwandel und Governance durch die ‚Kulturhauptstadt Europas RUHR.2010'. In *Die Zukunft der Europäischen Stadt. Stadtpolitik, Stadtplanung und Stadtgesellschaft im Wandel*, Hrsg. Frey, Oliver, und Florian Koch, 324–342. Wiesbaden: VS Verlag für Sozialwissenschaften.
Betz, Gregor. 2012. Mega-Event-Macher. Organisieren von Großereignissen am Beispiel der Kulturhauptstadt Europas RUHR.2010. In *Stand und Perspektiven der Eventforschung – Erfolg mit Nachhaltigkeit*, Hrsg. Zanger, Cornelia, 163–181. Wiesbaden: Gabler.

Betz, Gregor, und Arne Niederbacher. 2011. Steuerung komplexer Projekte. Zur institutionellen Einbindung urbaner Mega-Event-Organisationen. In *Urbane Events*, Hrsg. Betz, Gregor, Ronald Hitzler und Michaela Pfadenhauer, 319–335. Wiesbaden: VS Verlag für Sozialwissenschaften.

Betz, Gregor, Ronald Hitzler, und Michaela Pfadenhauer. 2011. Zur Einleitung: Eventisierung des Urbanen. In *Urbane Events*, Hrsg. Betz, Gregor, Ronald Hitzler und Michaela Pfadenhauer, 9–24. Wiesbaden: VS Verlag für Sozialwissenschaften.

Blumenthal, Julia von. 2005. Governance – eine kritische Zwischenbilanz. *Zeitschrift für Politikwissenschaft* 15 (4): 1149–1180.

Brosziewski, Achim. 1997. *Unternehmerisches Handeln in moderner Gesellschaft. Eine wissenssoziologische Untersuchung*. Wiesbaden: DUV.

Ciulli, Robert. 2006. Her mit der Theaterpflicht! Interview, geführt von Jörg Bartel und Jens Dirksen. In Neue Ruhr/Neue Rhein Zeitung vom 28.11.2006.

Corbin, Juliet M., und Anselm Strauss. 1991. A nursing model for chronic illness management based upon the trajectory framework. *Scholarly Inquiry for Nursing Practice* 5:155–174.

Deffner, Alex, und Lois Labrianidis. 2005. Planning culture and time in a mega event: Thessaloniki as the European city of culture, 1997. *International Planning Studies* 3 (10): 241–264.

Dege, Wilhelm. 1973. *Großraum Ruhr. Wirtschaft, Kultur und Politik im Ruhrgebiet. Mit 77 Abbildungen. Erweiterte und revidierte Ausgabe des dänischen Werks*. Braunschweig: Friedrich Vieweg + Sohn.

Deuter, Ulrich. 2006. Fesselungskünstler. Die Akteure der Kulturhauptstadt 2010 hindern mit Personalquerelen sich selbst an der Arbeit. In *Das Kulturmagazin des Westens*, Hrsg. K. West 12/2006.

Florida, Richard. 2004. *The rise of the creative class. And how it's transforming work, leisure, community and everyday life*. New York: Basic Books.

Frohne, Julia. 2011. Die Entwicklung einer Marke. Strategische Ansätze und Kampagnenplanung. In *RUHR. Vom Mythos zur Marke. Marketing und PR für die Kulturhauptstadt Europas RUHR.2010*, Hrsg. Frohne, Julia, Katharina Langsch, Fritz Pleitgen und Oliver Scheytt, 42–54. Essen: Klartext.

Frohne, Julia, Katharina Lansch, Fritz Pleitgen, und Oliver Scheytt. 2011. Vorwort. In *RUHR. Vom Mythos zur Marke. Marketing und PR für die Kulturhauptstadt Europas RUHR.2010*, hrsg. Dies, 4–5. Essen: Klartext.

Froschauer, Ulrike. 2009. Artefaktanalyse. In *Handbuch Methoden der Organisationsforschung. Quantitative und Qualitative Methoden*, hrsg. Kühl, Stefan, Petra Strodtholz und Andreas Taffertshofer, 326–347. Wiesbaden: VS Verlag für Sozialwissenschaften.

Fürst, Dietrich. 2004. Regional Governance. In *Governance – Regieren in komplexen Regelsystemen. Eine Einführung*, Hrsg. Benz, Arthur, 45–64. Wiesbaden: VS Verlag für Sozialwissenschaften.

Garcia, Beatriy. 2005. Deconstructing the city of culture: the long-term cultural legacies of Glasgow 1990. *Urban Studies* 42 (5/6): 841–868.

Gebhardt, Winfried, Ronald Hitzler, und Michaela Pfadenhauer. 2000. Einleitung. In: *Events. Soziologie des Außergewöhnlichen*, Hrsg. Gebhardt, Winfried, Ronald Hitzler und Michaela Pfadenhauer, 9–13. Opladen: Leske & Budrich.

Girgert, Werner. 2011. Der Bilbao-Defekt. In *Frankfurter Rundschau* vom 8.5.2011.

Glaser, Bernard, und Anselm Strauss. 1968. *Time for dying*. Chicago: Aldine.

Goch, Stefan. 2004. *Im Dschungel des Ruhrgebiets*. Bochum: Klartext.

Goch, Stefan. 2011. Sinnstiftung durch ein Strukturpolitikprogramm. Die Internationale Bauausstellung Emscher Park. In *Urbane Events*, Hrsg. Betz, Gregor, Ronald Hitzler und Michaela Pfadenhauer, 67–84. Wiesbaden: VS Verlag für Sozialwissenschaften.

Goffman, Erving. 1977. *Rahmen-Analyse. Ein Versuch über die Organisation von Alltagserfahrungen.* Frankfurt a. M.: Suhrkamp.

Goodman, Richard Alan. 1981. *Temporary systems. Professional development, manpower utilization, task effectiveness, and Iinovation.* New York: Praeger.

Goodman, Richard Alan, und Lawrence Peter Goodman. 1976. Some management issues in temporary systems: a study of professional development and manpower. The theater case. *Administrative Science Quarterly* 21:494–501.

Griffiths, Ron. 2006. City/culture discourses: evidence from the competition to select the European capital of culture 2008. *European Planning Studies* 14 (4): 415–430.

Grosse-Brockhoff, Hans-Heinrich. 2006. Selbstgenügsamkeit ist kleinkariert. Interview, geführt von Ulrich Deuter. In *Das Kulturmagazin des Westens*, Hrsg. K. West 12/2006.

Häußermann, Hartmut, und Walter Siebel. 1993. Die Politik der Festivalisierung und die Festivalisierung der Politik. Große Ereignisse in der Stadtpolitik. In *Festivalisierung der Stadtpolitik. Stadtentwicklung durch große Projekte.* Sonderheft 13 der Zeitschrift *Leviathan. Zeitschrift für Sozialwissenschaft*, Hrsg. Häußermann, Hartmut und Walter Siebel, 7–31. Opladen: Westdeutscher Verlag.

Heinze, Rolf G., und Fabian Hoose, 2011. RUHR.2010 – Ein Event als Motor für die Kreativwirtschaft? In *Urbane Events*, Hrsg. Betz, Gregor, Ronald Hitzler und Michaela Pfadenhauer, 351–367. Wiesbaden: VS Verlag für Sozialwissenschaften.

Hitzler, Ronald. 1987. Zeit-Rahmen. Temporale Konstitution und kommunikative Konstruktion. *Österreichische Zeitschrift für Soziologie (ÖZS)* 12 (1): 23–33.

Hitzler, Ronald. 2000. „Ein bißchen Spaß muß sein!". Zur Konstruktion kultureller Erlebniswelten. In *Events. Soziologie des Außergewöhnlichen*, Hrsg. Gebhardt, Winfried, Ronald Hitzler und Michaela Pfadenhauer, 401–412. Opladen: Leske & Budrich.

Hitzler, Ronald. 2011. *Eventisierung. Drei Fallstudien zum marketingstrategischen Massenspaß.* Wiesbaden: VS Verlag für Sozialwissenschaften.

Hitzler, Ronald, und Arne Niederbacher. 2010. Das Ereignis als Aufgabe. Zur Trajektstruktur der „Kulturhauptstadt Europas Ruhr 2010". In *Cultural Turns in der Soziologie*, Hrsg. Sybille Frank und Jochen Schwenk. Frankfurt a. M.: Campus.

Hitzler, Ronald, und Sean Nye. 2011. Where is Duisburg? An LP Postscript. *Dancecult: Journal of Electronic Dance Music Culture* 2 (1). http://dj.dancecult.net/index.php/journal/article/view/89/100.

Hitzler, Ronald, Babette Kirchner, und Gregor Betz. 2011. Das Beispiel Loveparade. Zur Selbstverständlichkeit und Verselbstständigung eines urbanen Events. In *Urbane Events*, Hrsg. Betz, Gregor, Ronald Hitzler, und Michaela Pfadenhauer, 261–277. Wiesbaden: VS Verlag für Sozialwissenschaften.

Hoffmans, Christiane. 2006. Wer hat Angst vor Peter Sellars? In *Die Welt am Sonntag* vom 19.11.2006.

Jablin, Frederic M. 1987. Organizational entry, assimilation, and exit. In *Handbook of organizational communication*, Hrsg. Jablin, Frederic M., Linda L. Putnam., Karlene Roberts H. und Lyman Porter, 679–740. Beverly Hills: Dage.

Janowicz-Panjaitan, Martyna, Renég Bakker, und Patrick Kenis. 2009a. Research on temporary organizations: the state of the art and distict approaches toward, temporariness'. In

Temporary Organizations. Prevalence, Logic and Effectiveness, Hrsg. Kenis, Patrick, Martyna Janowicz-Panjaitan und Bart Cambré, 56–85. Cheltenham: Edward Elgar.

Janowicz-Panjaitan, Martyna, Partick Kenis, und Patrick A. M. Vermeulen 2009b. The atemporality of temporary organizations: implications for goal attainment and legitimacy. In *Temporary organizations. Prevalence, logic and effectiveness*, Hrsg. Kenis, Patrick, Martyna Janowicz-Panjaitan und Bart Cambré, 142–154. Cheltenham: Edward Elgar.

Kalkowski, Peter, und Mickler Otfried. 2002. Zwischen Emergenz und Formalisierung. Zur Projektifizierung von Organisation und Arbeit in der Informationswirtschaft. *SOFI-Mitteilungen* 30:119–134.

Katz, Daniel, und Robert L. Kahn 1978. *The social psychology of organizations*. New York: Wiley.

Kenis, Patrick, Martyna Janowicz-Panjaitan, und Bart Cambré, Hrsg. 2009. *Temporary organizations. Prevalence, logic and effectiveness*. Cheltenham: Edward Elgar.

Kieser, Alfred. 1999. Konstruktivistische Ansätze. In *Organisationstheorien*. 3. Aufl., Hrsg. Ders., 287–318. Stuttgart: Kohlhammer.

Kieserling, André. 1999. *Kommunikation unter Anwesenden. Studien über Interaktionssysteme*. Frankfurt a. M.: Suhrkamp.

Kimberly, John. 1980. The life cycle analogy and the study of organizations. Introduction. In *The organizational life cycle. Issues in the creation, transformation, and decline of organizations*, Hrsg. Kimberly, John und Robert R. Miles, 1–14. San Francisco: Jossey-Bass.

Klein, Sebastian, und Alexa Maria Kunz. 2011. Identität auf dem Silbertablett? Zur strategischen Herstellung von Sinnangeboten am Beispiel einer Metropolregion. In *Urbane Events*, Hrsg. Betz, Gregor, Ronald Hitzler und Michaela Pfadenhauer, 43–53. Wiesbaden: VS Verlag für Sozialwissenschaften.

Knoblauch, Hubert. 1997. Die kommunikative Konstruktion postmoderner Organisationen. Institutionen, Aktivitätssysteme und kontextuelles Handeln. *Österreichische Zeitschrift für Soziologie* 22 (2): 6–23.

Koslowski, Simone. 2011. Die Projekt-Flut. Projekt- und Programmentwicklung. In *Die Unmögliche Kulturhauptstadt. Chronik einer Metropole im Werden*, Hrsg. RUHR.2010, 24–27. Essen: Klartext.

Kothenschulte, Daniel. 2010. Die Loveparade als Event von Ruhr.2010. In *Frankfurter Rundschau* vom 26.7.2010.

Kramer, Michael W. 2009. Role negotiations in a temporary organization: making sense during role development in an educational theater production. *Management Communication Quarterly* 23 (2): 188–217.

Kühl, Stefan. 2002. Jenseits der Face-to-Face-Organisation. Wachstumsprozesse in kapitalmarktorientierten Unternehmen. *Zeitschrift für Soziologie* 31 (3): 186–210.

Kunzmann, Klaus R. 2004. The Ruhr in Germany: A Laboratory for Regional Governance. In *Reflexion über die Zukunft des Raumes*, Hrsg. Kunzmann, Klaus R., 97–113. Dortmund (Dortmunder Beiträge zur Raumplanung. Blaue Reihe, 111).

Langen, Floris, und Beatriz Garcia. 2009. *Measuring the impacts of large scale cultural events: a literature review*. Liverpool: Impacts 08.

Larson, Mia. 2009. Joint event production in the jungle, the park, and the garden. Metaphors of event networks. *Tourism Management* 30:393–399.

Larson, Mia, und Ewa Wikström. 2001. Organizing events. Managing conflict and consensus in a political market square. *Event Management* 7:51–65.

Lundin, Rolf A., und Anders Söderholm. 1995. A theory of the temporary organization. *Scandinavian Journal of Management* 11 (4): 437–455.

March, James G., und Johan P. Olson. 1976. *Ambiguity and choice in organizations*. Bergen: Universitetsforlaget.

Mayntz, Renate, und Fritz W Scharpf. 1995. Der Ansatz des akteurszentrierten Institutionalismus. In *Gesellschaftliche Selbstregulierung und politische Steuerung*, Hrsg. Mayntz, Renate, und Fritz W. Scharpf, 39–72. Frankfurt a. M.: Campus.

Maeder, Christoph. 2000. Brauchbare Artefakte. Statistiksoftware für das Pflegemanagement im Spital als das Produkt ethnographischer Arbeit. *Schweizerische Zeitschrift für Soziologie* 26 (3): 637–662.

Miles, Mathiew B. 1964. On temporary systems. In *Innovation in education*, Hrsg. Miles, Mathiew B., 437–490. New York: Teachers College Press.

Ministerpräsident des Landes Nordrhein-Westfalen, Hrsg. 2005. *Forum Regionale Kulturpolitik. Vielfalt und Kreativität in den Kulturregionen Nordrhein-Westfalens*. Düsseldorf.

Mittag, Jürgen. 2008. Die Idee der Kulturhauptstadt Europas. Vom Instrument europäischer Identitätsstiftug zum tourismusträchtigen Publikumsmagneten. In *Die Idee der Kulturhauptstadt Europas. Anfänge, Ausgestaltung und Auswirkungen europäischer Kulturpolitik*, Hrsg. Mittag, Jürgen, 55–96. Essen: Klartext.

Mooney, Gerry. 2004. Cultural policy as urban transformation? Critical reflections on Glasgow, European city of culture 1990. *Local Economy* 19 (4): 327–340.

Oerters, Kathrin. 2008. Die finanzielle Dimension der europäischen Kulturhauptstadt: Von der Kulturförderung zur Förderung durch Kultur. In *Die Idee der Kulturhauptstadt Europas. Anfänge, Ausgestaltung und Auswirkungen europäischer Kulturpolitik*, Hrsg. Mittag, Jürgen, 97–124. Essen: Klartext.

Oerters, Kathrin, und Mittag Jürgen. 2008. European capitals of culture as incentives for local transformation and creative economies: tendencies – examples – assesments. In *Whose Culture(s)? Proceedings of the Second Annual Conference of the University Network of European Capitals of Culture*, Hrsg. Coudenys, Wim, 70–97. Liverpool 16/17 October 2008.

Olson, Mancur. 1985. *Aufstieg und Niedergang von Nationen*. Tübingen: Mohr.

Packendorff, Johann. 1995. Inquiring into the temporary organization: new directions for project management research. *Scandinavian Journal of Management* 11 (4): 319–333.

Palmer/Rae Associates. 2004. *European cities and capitals of culture. Study prepared for the European Commission*. Brüssel.

Parent, Thomas. 1987. *Das Ruhrgebiet. Kultur und Geschichte im „Revier" zwischen Ruhr und Lippe*, 3. durchges. Aufl. Köln: DuMont.

Pfadenhauer, Michaela. 2007. Das Marketing-Event im Dienst der Kirche. Der XX. Weltjugendtag 2005 in Köln. In *Qualitative Marktforschung. Konzepte – Methoden – Analysen*, Hrsg. Buber, Renate und Hartmut Holzmüller, 1081–1100. Wiesbaden: Gabler.

Pfadenhauer, Michaela. 2008. *Organisieren. Eine Fallstudie zum Erhandeln von Events*. Wiesbaden: VS Verlag für Sozialwissenschaften.

Pipan, Tatiana, und Lena Porsander. 2000. Imitating uniqueness: how big cities organize big events. *Organization Studies* 2 (1): 1–27.

Pleitgen, Fritz, und Oliver Scheytt. 2011. Die unmögliche Kulturhauptstadt. Vorwort. In *Die unmögliche Kulturhauptstadt. Chronik einer Metropole im Werden*, Hrsg. RUHR.2010 GmbH, 5. Essen: Klartext.

Prisching, Manfred. 2011. Die Kutlurhauptstadt als Groß-Event. In *Urbane Events*, Hrsg. Betz, Gregor, Ronald Hitzler und Michaela Pfadenhauer, 85–103. Wiesbaden: VS Verlag für Sozialwissenschaften.

Quinn, Bernadette. 2010. The European capital culture initiative and cultural legacy: an analysis of the cultural sector in the aftermath of Cork 2005. *Event Management* 13:249–264.

Rao, Hayagreeva. 2002. Organisationen und ihr Umfeld. Gründung von Organisationen und die Entstehung neuer organisatorischer Formen. In *Kölner Zeitschrift für Soziologie und Sozialpsychologie. Sonderheft Organisationssoziologie*, Hrsg. Allmendinger, Jutta und Thomas, Hinz, 319–344. Wiesbaden: Westdeutscher Verlag.

Reckwitz, Andreas. 2006. *Das hybride Subjekt. Eine Theorie der Subjektkulturen von der bürgerlichen Moderne zur Postmoderne*. Weilerswist: Velbrück Wissenschaft.

Reed, Michael. 1992. *The sociology of organizations: Themes, perspectives and prospects*. New York: Harvester Wheatsheaf.

Reichertz, Jo. 2011. Loveparade und ExtraSchicht. Gemeinsame Event-Erfahrungen oder Erfahrungen der Gemeinsamkeit? In *Urbane Events*, Hrsg. Betz, Gregor, Ronald Hitzler und Michaela Pfadenhauer, 279–294. Wiesbaden: VS Verlag für Sozialwissenschaften.

Richards, Greg. 2004. The European cultural capital event: strategic weapon in the cultural arms race? *Journal of Cultural Policy* 6 (2): 159–181.

Riegert, Bernd. 2010. Kulturellen Reichtum zeigen und fördern. In Deutsche Welle. http://www.dw.de/dw/article/0,,5045995,00.html.

Rüb, Friedbert. 2006. Die Zeit der Entscheidung. Kontingenz, Ambiguität und die Politisierung der Politik – Ein Versuch. *HRSS – Hamburg Review of Social Sciences* 1:1-34.

RUHR.2010 GmbH, Hrsg. 2010. *Ein Tag wie noch nie*. Essen: Klartext.

RUHR.2010 GmbH, Hrsg. 2011. *Die unmögliche Kulturhauptstadt. Chronik einer Metropole im Werden*. Essen: Klartext.

Scheytt, Oliver. 2006a. Kulturhauptstadt-Bewerbung als Regional Governance. In *Regional Governance. Steuerung, Koordination und Kommunikation in regionalen Netzwerken als neue Formen des Regierens*. 2 Bände. Bd. 1. Hrsg. Kleinfeld, Ralf, Harald Plamper und Andreas Huber, 207–216. Göttingen: V&R unipress (1).

Scheytt, Oliver. 2006b. Kulturhauptstadt ist kein Festival. Interview, geführt von Ulrich Deuter und Andreas Wilink. In *Das Kulturmagazin des Westens*, Hrsg. K. West 03/2006.

Schimank, Uwe. 2002. Organisationen: Akteurkonstellationen – korporative Akteure – Sozialsysteme. In *Organisationssoziologie*, Hrsg. Allmendinger, Jutta und Thomas Hinz, 29–54. Wiesbaden: Westdeutscher Verlag.

Schlieper, Andreas. 1986. *150 Jahre Ruhrgebiet. Ein Kapitel deutscher Wirtschaftsgeschichte*. Düsseldorf: Schwann.

Schreyögg, Georg. 2008. *Organisation. Grundlagen moderner Organisationsgestaltung. Mit Fallstudien*. 5., vollständig überarbeitete und erweiterte Aufl. Wiesbaden: Gabler.

‚Selection Panel for the European Capital of Culture (ECOC) 2010'. 2006. Report of the Selection Meeting for the European Capitals of Culture 2010. http://www.khs2010.de/uploads/media/report_cap2010.pdf. Zugegriffen: 13. Apr. 2006.

Siebel, Walter. 2011. Stadtpolitik mittels großer Ereignisse. In *Urbane Events*, Hrsg. Betz, Gregor, Ronald Hitzler und Michaela Pfadenhauer, 55–67. Wiesbaden: VS Verlag für Sozialwissenschaften.

Soeffner, Hans Georg. 1991. „Trajectory" – das geplante Fragment. Die Kritik der empirischen Vernunft bei Anselm Strauss. *BIOS – Zeitschrift für Biographieforschung und Oral History* 4 (1): 1–12.

Literaturverzeichnis

Star, Susan Leigh, und James R Griesemer. 1989. Institutional ecology, ‚Translations' and boundary objects: amateurs and professionals in Berkeley's museum of vertebrate zoology, 1907-39. *Social Studies of Science* 19:387-420.

Strauss, Anselm. 1978. *Negotiations. Varieties, contexts, processes and social order.* San Francisco: Jossey-Bass.

Strauss, Anselm, Shizuko Fagerhaugh, Barbara Suczek, und Carolyn Wiener. 1985. *Social organization of medical work.* Chicago: The University of Chicago Press.

Strauss, Anselm, Danuta Ehrlich, Rue Bucher, und Melvin Sabshin. 1998. The hospital and its negotiated order. In *Classic texts in health care*, Hrsg. Mackay, Lessley, Keith Soothill und Kath Melia, 248-255. Woburn: Butterworth-Heinemann.

Strübing, Jörg. 2005. *Pragmatistische Wissenschafts- und Technikforschung. Theorie und Methode.* Frankfurt a. M.: Campus.

Sydow, Jörg, und Windeler Arnold. 2000. Steuerung von und in Netzwerken – Perspektiven, Konzepte, vor allem aber offene Fragen. In *Steuerung von Netzwerken. Konzepte und Praktiken. Durchgesehener Nachdruck April 2001*, Hrsg. Sydow, Jörg, und Windeler Arnold, 1-24. Wiesbaden: Westdeutscher Verlag.

Thomas, Christian. 2010. Vom Valmy-Gefühl. In *Frankfurter Rundschau* vom 27.7.2010.

Vogd, Werner. 2009. *Rekonstruktive Organisationsforschung. Qualitative Methodologie und theoretische Integration. Eine Einführung.* Opladen: Verlag Barbara Budrich.

Wehling, Hans-Werner. 2002. Die industrielle Kulturlandschaft des Ruhrgebiets. Historische Entwicklungsphasen und zukünftige Perspektiven. *Essener Unikate* 19:111-119.

Weick, Karl E. 2001. *Making sense of the organization.* Malden: Blackwell.

Willke, Helmut. 2001. *Systemtheorie III: Steuerungstheorie. Grundzüge einer Theorie der Steuerung komplexer Sozialsysteme.* 3. Aufl. Stuttgart: Lucius & Lucius.

Willke, Helmut. 2006. *Systemtheorie I: Grundlagen. Eine Einführung in die Grundprobleme der Theorie sozialer Systeme.* 7., überarbeitete Aufl. Stuttgart: Lucius & Lucius.

Willkens, Uta. 2001. Der Beitrag der Personalforschung zur Bewältigung der Problemlagen in den neuen Bundesländern. *Zeitschrift für Personalforschung* (2):149-180.

The manufacturer's authorised representative in the EU is Springer Nature Customer Service Centre GmbH, Europaplatz 3, 69115 Heidelberg, Germany. If you have any concerns regarding our products, please contact ProductSafety@springernature.com

Printed and bound by CPI Group (UK) Ltd, Croydon, CR0 4YY

23/03/2026

02076446-0002